Fiscalização de trânsito: aspectos legais e operacionais
Adriano Patrik Marmaczuk

Rua Clara Vendramin, 58 • Mossunguê
CEP 81200-170 • Curitiba • PR • Brasil
Fone: (41) 2106-4170
www.intersaberes.com
editora@intersaberes.com

conselho editorial	Dr. Alexandre Coutinho Pagliarini
	Drª Elena Godoy
	Dr. Neri dos Santos
	Dr. Ulf Gregor Baranow
editora-chefe	Lindsay Azambuja
gerente editorial	Ariadne Nunes Wenger
assistente editorial	Daniela Viroli Pereira Pinto
preparação de originais	Letra & Língua Ltda. - ME
edição de texto	Arte e Texto Edição e Revisão de Textos e Guilherme Conde Moura Pereira
capa	Luana Machado Amaro (*design*), Nomad_Soul e yuttana Contributor Studio/Shutterstock (imagens)
projeto gráfico	Raphael Bernadelli
fotografias de abertura	TUM2282/Shutterstock
diagramação	Fabio Vinicius da Silva
designer responsável	Luana Machado Amaro
iconografia	Regina Claudia Cruz Prestes

Dados Internacionais de Catalogação na Publicação (CIP)
(Câmara Brasileira do Livro, SP, Brasil)

✦ ✦ ✦

Marmaczuk, Adriano Patrik
 Fiscalização de trânsito: aspectos legais e operacionais/
Adriano Patrik Marmaczuk. Curitiba: InterSaberes, 2021.

 Bibliografia.
 ISBN 978-65-5517-895-1

 1. Fiscalização 2. Trânsito – Infrações 3. Trânsito –
Leis e legislação – Brasil I. Título.

20-52786   CDD-363.125

✦ ✦ ✦

      Índices para catálogo sistemático:
1. Fiscalização de trânsito: Problemas sociais   363.125

    Cibele Maria Dias – Bibliotecária – CRB-8/9427

1ª edição, 2021.

Foi feito o depósito legal.

Informamos que é de inteira responsabilidade do autor a emissão de conceitos.

Nenhuma parte desta publicação poderá ser reproduzida por qualquer meio ou forma sem a prévia autorização da Editora InterSaberes.

A violação dos direitos autorais é crime estabelecido na Lei n. 9.610/1998 e punido pelo art. 184 do Código Penal.

Sumário

Apresentação, xii

Como aproveitar ao máximo este livro, xvi

    capítulo um   Sistema Nacional de Trânsito, 22

        1.1   Conceitos introdutórios, 24

        1.2   Constitucionalidade e legalidade, 27

        1.3   Entidades de fiscalização de trânsito, 32

    capítulo dois   Abordagem da autoridade de trânsito, 46

        2.1   Princípios aplicáveis, 48

        2.2   A popular "abordagem de trânsito", 51

        2.3   A fundada suspeita para a realização da abordagem, 53

        2.4   Casos de abusos, 59

    capítulo três   Tipos de fiscalização de trânsito, 70

        3.1   Patrulhamento ostensivo de trânsito, 72

        3.2   Operação volante, 74

        3.3   Operação com ponto-base, 75

        3.4   Operação radar, 76

3.5 Atendimento de acidente de trânsito, 78

3.6 Operação bloqueio, 79

3.7 Operação Lei Seca, 84

capítulo quatro Principais infrações de trânsito e premissas básicas de fiscalização, 90

4.1 Ausência de CNH ou PPD, 92

4.2 Condutor com CNH suspensa ou cassada, 94

4.3 Condutor com categoria diferente, 96

4.4 Condutor com CNH vencida, 98

4.5 Entregar ou permitir, 99

4.6 Embriaguez ao volante, 100

4.7 Dirigir sem os cuidados indispensáveis, 105

4.8 Praticar corrida ou racha em via pública, 106

4.9 Utilizar o veículo para demonstração de manobras, 107

4.10 Deixar de prestar socorro à vítima, 108

4.11 Ultrapassagem "pelo corredor", 112

4.12 Alteração de sinal identificador, 115

4.13 Transporte de passageiro no compartimento de carga, 117

4.14 Dispositivo antirradar, 119

4.15 Veículo sem qualquer uma das placas de identificação, 119

4.16 Veículo não registrado, 120

4.17 Veículo não licenciado, 122

4.18 Placa sem legibilidade e visibilidade, 123

4.19 Veículo com cor alterada, 125

4.20 Veículo com característica alterada, 126

4.21 Veículo que necessita de inspeção veicular, 128

4.22 Veículo sem equipamento obrigatório, ineficiente ou inoperante, 129

4.23 Veículo com descarga livre ou silenciador de motor de explosão defeituoso, deficiente ou inoperante, 138

4.24 Acessórios em desacordo, 138

4.25 Veículo com os sistemas de iluminação e sinalização alterados, 140

4.26 Veículos com os vidros total ou parcialmente cobertos por películas, painéis decorativos ou pinturas, 141

4.27 Dirigir sem os documentos exigidos por lei, 142

4.28 Infrações específicas para condutores de motocicletas, motonetas e ciclomotores, 145

4.29 Condutas realizadas por condutores dentro do próprio veículo, 149

capítulo cinco **Medidas administrativas e auto de infração de trânsito, 156**

5.1 Medidas administrativas mais recorrentes, 158

5.2 Auto de infração de trânsito, 165

capítulo seis **Crimes de trânsito, 184**

6.1 Homicídio culposo, 186

6.2 Lesão corporal culposa, 188

6.3 Crime de embriaguez ao volante, 191

6.4 Crime de suspensão de CNH, 193

6.5 Praticar corrida não autorizada em via pública, 196

6.6 Não possuir CNH ou estar impossibilitado legalmente para dirigir, 198

6.7 Crime de permitir ou entregar a direção, 198

Estudo de caso, 202

Consultando a legislação, 206

Considerações finais, 208

Lista de siglas, 213

Referências, 215

Respostas, 220

Sobre o autor, 224

Apresentação

O trânsito brasileiro é considerado um dos mais violentos do mundo. Com uma média de aproximadamente 39.000 mortes por ano, é o terceiro com maior número de óbitos no trânsito no mundo, perdendo apenas para China e Índia. Há 10 anos, o Brasil era o quarto colocado neste triste *ranking*, contudo, conseguiu reduzir apenas 18% o número de mortes, algo bem inferior ao solicitado pela Organização das Nações Unidas (ONU), que era reduzir pela metade esse número em um prazo de dez anos.

Diante dessa vergonhosa realidade, o Poder Público chama a responsabilidade para si, instituindo políticas públicas sobre o tema. O Congresso Nacional passou a aprovar legislações mais rigorosas, e vários segmentos da sociedade tentam encontrar saídas para a problemática. No entanto, embora exista uma série de fatores que leva ao grande número de mortes no trânsito, é notório que um dos maiores componentes da suposta "culpa" é o ser humano, que não respeita as normas de trânsito.

A falta de consciência, a ausência de compaixão pelos outros ocupantes da via e o pensamento egoísta, somado à total irresponsabilidade no trânsito, entre outros fatores, geram esse violento trânsito brasileiro.

O que fazer para mudar? Muitas coisas podem ser feitas, mas a principal delas seria a conscientização dos atores do trânsito. Mas será que isso é possível? A resposta seria sim, porém pouco provável.

Diante desse triste cenário, revela-se a necessidade de algo concreto, que tenha a imposição do Estado: se não vai pelo amor, terá de ser pela dor. O Estado, como responsável constitucional pela manutenção de uma vida segura, utiliza suas ferramentas estatais para atingir seus objetivos. E, nesse contexto, surge a fiscalização de trânsito, objeto deste trabalho.

Nosso intuito é auxiliar os operadores do sistema de trânsito para a realização de uma fiscalização adequada, voltada para a realização efetiva da missão do Estado.

Abordaremos desde os conceitos iniciais da fundamentação legal do Estado na atividade de fiscalização do trânsito até as ações de atividade operacional, com destaque para as diversas infrações previstas no Código de Trânsito Brasileiro (CTB) e as respectivas ações coercitivas do agente da autoridade de trânsito, sempre visando à correta aplicação da legislação vigente.

Nesse sentido, esta obra foi estruturada em seis capítulos. No primeiro, trataremos do Sistema Nacional de Trânsito (SNT), enfatizando os órgãos de fiscalização. No segundo, discutiremos os princípios da abordagem e sua fundamentação legal. No terceiro, por sua vez, apresentaremos as formas de realização da fiscalização de trânsito. No quarto, analisaremos as infrações que acontecem com maior incidência. No quinto, enfocaremos as medidas administrativas e os desdobramentos do auto de infração de trânsito. Por fim, no sexto e último, estudaremos os principais crimes de trânsito com os quais o agente pode deparar-se.

Como aproveitar ao máximo este livro

Empregamos nesta obra recursos que visam enriquecer seu aprendizado, facilitar a compreensão dos conteúdos e tornar a leitura mais dinâmica. Conheça a seguir cada uma dessas ferramentas e saiba como elas estão distribuídas no decorrer deste livro para bem aproveitá-las.

Logo na abertura do capítulo, relacionamos os conteúdos que nele serão abordados.

Antes de iniciarmos nossa abordagem, listamos as habilidades trabalhadas no capítulo e os conhecimentos que você assimilará no decorrer do texto.

Conteúdos do capítulo:

- Conceitos básicos do Sistema Nacional de Trânsito (SNT).
- Órgãos essenciais no sistema de fiscalização.
- Constitucionalidade e legalidade.
- Previsão legal dos órgãos que integram o SNT.

Após o estudo deste capítulo, você será capaz de:

1. entender a estrutura brasileira de fiscalização de trânsito;
2. compreender os principais conceitos do SNT;
3. localizar na legislação de trânsito as normas sobre os órgãos fiscalizadores.

O condutor necessitava de uso de lentes corretivas, situação prevista inclusive na CNH desse condutor, mas havia esquecido esse item importante e necessário para a condução do veículo. O condutor pede para alguém trazer seus óculos (vamos imaginar que isso aconteceu rapidamente e não atrapalhou a rotina de trabalho dos agentes de trânsito) até o local da abordagem, mas o policial que estava fazendo a documentação inerente à infração não libera o veículo. Nesse caso, o agente de trânsito deveria confeccionar o AIT com base no art. 162, inciso VI, do CTB e, no campo da observação, registrar que o veículo foi liberado após sanar a irregularidade. A postura de não liberar o veículo para o condutor logo após ser satisfeita a necessidade constitui, sim, medida abusiva.

Para saber mais

Existem manuais policiais que falam detalhadamente sobre os princípios da abordagem policial, que, por sua vez, dão origem aos princípios da abordagem de trânsito. Contudo, com relação aos aspectos legais da escolha de quem será abordado, há poucos artigos que enfatizam esse assunto de modo concreto, e a maioria deles não trata do assunto de forma específica no que se refere ao que pode e ao que não pode ser praticado, tornando-se muito subjetivos. Como exemplo positivo, indicamos o *Manual de Técnicas de Polícia Ostensiva da PMSC*.

SANTA CATARINA. Polícia Militar. **Manual de Técnicas de Polícia Ostensiva da PMSC**. 3. ed. Florianópolis: PMSC, 2014. Disponível em: <https://sindespe.org.br/portal/wp-content/uploads/2020/06/Manual-de-t%C3%A9cnicas-de-Pol%C3%ADcia-Ostensiva-da-PMSC-3%C2%AA-ed.-Florian%C3%B3polis-2014-.pdf>. Acesso em: 5 nov. 2020.

> Sugerimos a leitura de diferentes conteúdos digitais e impressos para que você aprofunde sua aprendizagem e siga buscando conhecimento.

Síntese

A abordagem de trânsito é sempre algo tido como antipático por aquele que é abordado, porém se trata de um processo necessário para a fiscalização. A tecnologia pode evoluir muito e auxiliar os agentes de trânsito, durante a abordagem, quanto à escolha dos condutores que possam estar praticando alguma irregularidade. Contudo, enquanto ela não é desenvolvida e implementada, o método existente é o que foi abordado neste capítulo.

Questões para revisão

1. A abordagem de trânsito deve observar os mesmos princípios da abordagem pessoal? Explique.
2. A escolha aleatória de condutores a serem abordados é prática que observa o princípio da legalidade? Por quê?
3. Em uma abordagem, policial ou de trânsito, as orientações repassadas aos abordados devem ser claras e objetivas e, em regra, o comando verbal fica a critério de apenas um dos agentes do Estado. Qual é esse princípio da abordagem?
    a. Rapidez.
    b. Ação vigorosa.
    c. Unidade de comando.
    d. Surpresa.
4. A fundada suspeita embasa-se:
    a. na experiência do agente de trânsito.
    b. em motivos concretos que levam o agente do Estado a abordar alguém.

> Ao final de cada capítulo, relacionamos as principais informações nele abordadas a fim de que você avalie as conclusões a que chegou, confirmando-as ou redefinindo-as.

> Ao realizar estas atividades, você poderá rever os principais conceitos analisados. Ao final do livro, disponibilizamos as respostas às questões para a verificação de sua aprendizagem.

Ao propor estas questões, pretendemos estimular sua reflexão crítica sobre temas que ampliam a discussão dos conteúdos tratados no capítulo, contemplando ideias e experiências que podem ser compartilhadas com seus pares.

c. em critérios preconceituosos, motivados pela condição social ou pela etnia.
d. no princípio estabelecido por Ceasare Lombroso nos estudos de criminologia.

5. Assinale a alternativa correta:
   a. O direito brasileiro permite o *bis in idem*.
   b. O policial militar pode lavrar a notificação presenciada em rodovia federal.
   c. A abordagem de trânsito somente pode ser realizada por policial militar ou rodoviário federal.
   d. A infração de trânsito deve ser presenciada por agente de trânsito devidamente credenciado.

Questões para reflexão

1. Existe outra maneira, além dos meios atualmente disponíveis, para a realização da fiscalização pelos agentes de trânsito?
2. O que você mudaria na abordagem de trânsito?

Nesta seção, relatamos situações reais ou fictícias que articulam a perspectiva teórica e o contexto prático da área de conhecimento ou do campo profissional em foco com o propósito de levá-lo a analisar tais problemáticas e a buscar soluções.

Para encerrar o conteúdo deste livro, como conto com mais de 10 anos de atividade de policiamento de trânsito, desde operações até gerenciamento de equipes de atendimento de acidentes de trânsito, apresentarei duas situações concretas para estudo: a primeira delas trata de um acidente de trânsito com repercussão nacional e a segunda reúne alguns casos sobre o uso do cinto de segurança.

1 Acidente de trânsito com vítimas fatais

Na época, eu era Coordenador do Policiamento do Batalhão de Polícia de Trânsito de Curitiba-PR (BPTran) e estava de serviço em uma noite fria do mês de maio de 2009 quando a Central de Emergência (Copom) passou a ocorrência de acidente de trânsito, possivelmente com vítimas em óbito, no bairro Mossunguê. Diante da informação, desloquei-me para acompanhar a situação. Segue uma reportagem que relata os fatos:

> Há exatos **dez anos**, no dia 7 de maio de 2009, o então deputado estadual Fernando Ribas Carli Filho, de 26 anos, matou dois jovens enquanto dirigia bêbado e em alta velocidade pelas ruas de Curitiba. Na ocasião, o carro onde estavam Gilmar Rafael Souza Yared e Carlos Murilo de Almeida foi atingido em cheio pelo veículo do político no cruzamento das ruas Monsenhor Ivo Zanlorenzi e Paulo Gorski, no bairro Mossunguê.
>
> **Ex-deputado a mais de 150 Km/h**
>
> Uma perícia mostrou que o ex-deputado dirigia entre 161 Km/h e 173 Km/h no momento da colisão, além de estar com a Carteira Nacional de Habilitação (CNH) cassada. Testemunhos também afirmaram, durante o julgamento, que ele estava embriagado ao volante.
>
> **Condenação de Carli**

Consultando a legislação

Amplie o conhecimento da matéria tratada nesta obra consultando as seguintes legislações:

- Código Penal:
BRASIL. Decreto-Lei n. 2.848, de 7 de dezembro de 1940. **Diário Oficial da União**, Poder Executivo, Rio de Janeiro, RJ, 31 dez. 1940. Disponível em: <http://www.planalto.gov.br/ccivil_03/decreto-lei/del2848compilado.htm>. Acesso em: 13 out. 2020.
- Lei das Contravenções Penais:
BRASIL. Decreto-Lei n. 3.688, de 3 de outubro de 1941. **Diário Oficial da União**, Poder Executivo, Rio de Janeiro, RJ, 3 out. 1941. Disponível em: <http://www.planalto.gov.br/ccivil_03/decreto-lei/Del3688.htm>. Acesso em: 13 out. 2020.
- Código de Processo Penal:
BRASIL. Decreto-Lei n. 3.689, de 3 de outubro de 1941. **Diário Oficial da União**, Poder Executivo, Rio de Janeiro, RJ, 13 out. 1941. Disponível em: <http://www.planalto.gov.br/ccivil_03/decreto-lei/del3689.htm>. Acesso em: 13 out. 2020.

Listamos e comentamos nesta seção os documentos legais que fundamentam a área de conhecimento, o campo profissional ou os temas tratados no capítulo para você consultar a legislação e se atualizar.

capítulo um

Sistema Nacional de Trânsito

Conteúdos do capítulo:

- Conceitos básicos do Sistema Nacional de Trânsito (SNT).
- Órgãos essenciais no sistema de fiscalização.
- Constitucionalidade e legalidade.
- Previsão legal dos órgãos que integram o SNT.

Após o estudo deste capítulo, você será capaz de:

1. entender a estrutura brasileira de fiscalização de trânsito;
2. compreender os principais conceitos do SNT;
3. localizar na legislação de trânsito as normas sobre os órgãos fiscalizadores.

1.1 Conceitos introdutórios

Quando falamos em *fiscalização*, precisamos ter em mente a seguinte situação: existe alguém com poder de fiscalizar e, no outro polo da relação, alguém que será fiscalizado. Essa relação aprendemos muito cedo: as crianças, desde pequenas, vivenciam isso na escola com o famoso inspetor de pátio, que fiscaliza o comportamento de todos os alunos, bem como determina e orienta comportamentos.

Na realidade do tema ora em análise, deparamo-nos, de um lado, com o Estado e, de um outro, com o cidadão. Após a infância, o inspetor de pátio vira o Estado em nossas vidas. O inspetor deveria, em tese, orientar nossas condutas com base naquilo que a escola determinava; já o Estado rege-se pelo princípio da legalidade, e só pode fazer aquilo que estiver previsto em lei. Agora, conforme prevê o art. 5º, inciso II, da Constituição Federal (CF) de 1988 – "ninguém será obrigado a fazer ou deixar de fazer alguma coisa senão em virtude de lei" (Brasil, 1988) –, o cidadão tem a faculdade de fazer aquilo que quiser, exceto aquelas condutas vedadas no ordenamento jurídico brasileiro.

Na relação Estado × cidadão/condutor de veículo automotor, o que garante o poder de fiscalização do Estado é o **poder de polícia** e seus atributos, como dispõe o art. 78 do Código Tributário Nacional (CTN) – Lei n. 5.172, de 25 de outubro de 1966:

> Art. 78. [...]
>
> Parágrafo único. Considera-se regular o exercício do poder de polícia quando desempenhado pelo órgão competente nos limites da lei aplicável, com observância do processo legal e, tratando-se de atividade que a lei tenha como discricionária, sem abuso ou desvio de poder. (Brasil, 1966)

Para Ricardo Alexandre (2010, p. 60), o poder de polícia

> tem por fato gerador o exercício regular do poder de polícia (atividade administrativa), cuja fundamentação é o princípio da supremacia do interesse público sobre o interesse privado, que permeia todo o direito público. Assim, o bem comum, o interesse público, o bem-estar geral podem justificar a restrição ou o condicionamento do exercício de direitos individuais.

Já Maria Sylvia Zanella Di Pietro (2010, p. 117, grifo nosso) conceitua poder de polícia como:

> a atividade do Estado consistente em limitar o exercício dos direitos individuais em benefício do interesse público. Esse interesse público diz respeito aos mais variados setores da sociedade, tais como segurança, moral, saúde, meio ambiente, defesa do consumidor, patrimônio cultural, propriedade. Daí a divisão da polícia administrativa em vários ramos: polícia de segurança, das florestas, das águas, **de trânsito**, sanitária etc.

O poder de polícia apresenta três atributos, os quais são necessários para a concretização de suas ações. São os meios que proporcionam que o poder de polícia provoque seus efeitos.

> A discricionariedade embora esteja presente na maior parte das medidas de polícia, nem sempre isso ocorre. Às vezes, a lei deixa certa margem de liberdade de apreciação quanto a determinados elementos, como o motivo ou o objeto, mesmo porque o legislador não é dado prever todas as hipóteses possíveis a exigir atuação de polícia. Assim, em grande parte dos casos concretos,

a Administração terá que decidir qual o melhor momento de agir, qual o meio de ação mais adequado, qual a sanção cabível diante das previstas na norma legal.

[...]

A autoexecutoriedade (que os franceses chamam de executoriedade apenas) é a possibilidade que tem a Administração de, com os próprios meios, pôr em execução as suas decisões, sem precisar recorrer previamente ao Poder Judiciário.

[...] decisões que dispensam a Administração de dirigir-se preliminarmente ao juiz para impor a obrigação ao administrado. A decisão administrativa impõe ao particular ainda contra a sua concordância; se este quiser se opor, terá que ir a juízo.

[...]

A coercibilidade é indissociável da autoexecutoriedade. O ato de polícia só é autoexecutório porque dotado de força coercitiva. Aliás, a autoexecutoriedade, tal como a conceituamos, não se distingue da coercibilidade [...] como "a imposição coativa das medidas adotadas pela Administração". (Di Pietro, 2010, p. 119-121)

O poder de polícia só existe quando motivado a atender ao interesse público, tendo sua legitimidade baseada na supremacia do interesse público pelo interesse particular.

O agente de trânsito, por sua vez, é aquele que será o elo de ligação entre o Estado (sendo organicamente gerenciado pela autoridade de trânsito) e o cidadão, que, nesse caso, via de regra, será o condutor de veículo automotor. Vejamos o conceito desse braço do Estado:

- **Agente de trânsito** – Pessoa civil ou militar que exerce função pública no caso específico de trânsito; aquele que recebe delegação da autoridade competente de trânsito para exercer a fiscalização, o policiamento e as operações. O art. 280, parágrafo 4º, do Código de Trânsito Brasileiro (CTB) – Lei n. 9.503, de 23 de setembro de 1997 – estabelece o seguinte: "§ 4º O agente da autoridade de trânsito competente para lavrar o auto de infração poderá ser servidor civil, estatutário ou celetista ou, ainda, policial militar designado pela autoridade de trânsito com jurisdição sobre a via no âmbito de sua competência" (Brasil, 1997).

A maneira como os agentes da autoridade de trânsito realizam boa parte de suas atividades de fiscalização de trânsito ocorre por meio do policiamento ostensivo de trânsito:

- **Policiamento ostensivo de trânsito** – Função exercida pelas Polícias Militares com o objetivo de prevenir e reprimir os atos relacionados com a segurança pública e garantir obediências às normas relativas à segurança de trânsito, assegurando a livre circulação e evitando acidentes. Fica claro que a Polícia Militar tem esta atribuição: a de executar o policiamento ostensivo de trânsito (Basileis, 2019). Cabe à Polícia Rodoviária Federal (PRF) realizar missão similar à realizada pela Polícia Militar, só que nas rodovias federais.

1.2 *Constitucionalidade e legalidade*

Quanto à **constitucionalidade** da matéria, a Carta Magna (CF de 1988) traz, em seu art. 144, um capítulo específico para a "Segurança Pública", mencionando a PRF, as Polícias Militares e os órgãos municipais com competência para realizar a fiscalização de trânsito:

Art. 144. A segurança pública, dever do Estado, direito e responsabilidade de todos, é exercida para a preservação da ordem pública e da incolumidade das pessoas e do patrimônio, através dos seguintes órgãos:

I – polícia federal;

II – **polícia rodoviária federal;**

III – polícia ferroviária federal;

IV – polícias civis;

V – **polícias militares e corpos de bombeiros militares.**

VI – polícias penais federal, estaduais e distrital.

§ 1º A polícia federal, instituída por lei como órgão permanente, organizado e mantido pela União e estruturado em carreira, destina-se a:

I – apurar infrações penais contra a ordem política e social ou em detrimento de bens, serviços e interesses da União ou de suas entidades autárquicas e empresas públicas, assim como outras infrações cuja prática tenha repercussão interestadual ou internacional e exija repressão uniforme, segundo se dispuser em lei;

II – prevenir e reprimir o tráfico ilícito de entorpecentes e drogas afins, o contrabando e o descaminho, sem prejuízo da ação fazendária e de outros órgãos públicos nas respectivas áreas de competência;

III – exercer as funções de polícia marítima, aeroportuária e de fronteiras;

IV – exercer, com exclusividade, as funções de polícia judiciária da União.

§ 2º A polícia rodoviária federal, órgão permanente, organizado e mantido pela União e estruturado em carreira, destina-se, na forma da lei, ao patrulhamento ostensivo das rodovias federais.

§ 3º A polícia ferroviária federal, órgão permanente, organizado e mantido pela União e estruturado em carreira, destina-se, na forma da lei, ao patrulhamento ostensivo das ferrovias federais.

§ 4º Às polícias civis, dirigidas por delegados de polícia de carreira, incumbem, ressalvada a competência da União, as funções de polícia judiciária e a apuração de infrações penais, exceto as militares.

§ 5º Às polícias militares cabem a polícia ostensiva e a preservação da ordem pública; aos corpos de bombeiros militares, além das atribuições definidas em lei, incumbe a execução de atividades de defesa civil.

§ 5º-A. Às polícias penais, vinculadas ao órgão administrador do sistema penal da unidade federativa a que pertencem, cabe a segurança dos estabelecimentos penais.

§ 6º As polícias militares e corpos de bombeiros militares, forças auxiliares e reserva do Exército, subordinam-se, juntamente com as polícias civis, aos Governadores dos Estados, do Distrito Federal e dos Territórios.

§ 7º A lei disciplinará a organização e o funcionamento dos órgãos responsáveis pela segurança pública, de maneira a garantir a eficiência de suas atividades.

§ 8º Os Municípios poderão constituir guardas municipais destinadas à proteção de seus bens, serviços e instalações, conforme dispuser a lei.

§ 9º A remuneração dos servidores policiais integrantes dos órgãos relacionados neste artigo será fixada na forma do § 4º do art. 39.

§ 10. A segurança viária, exercida para a preservação da ordem pública e da incolumidade das pessoas e do seu patrimônio nas vias públicas:

> I – compreende a educação, engenharia e fiscalização de trânsito, além de outras atividades previstas em lei, que assegurem ao cidadão o direito à mobilidade urbana eficiente; e
>
> II – compete, no âmbito dos Estados, do Distrito Federal e dos Municípios, aos respectivos órgãos ou entidades executivos e seus agentes de trânsito, estruturados em **Carreira, na forma da lei**. (Brasil, 1988, grifo nosso)

Logo, a CF de 1988 estabelece, de maneira genérica, as atribuições dos órgãos de segurança pública que realizam suas atividades de fiscalização, cada órgão fiscalizador dentro de sua área de competência.

A PRF tem sua missão constitucional estabelecida no art. 144, parágrafo 2º, da CF de 1988, que faz menção ao "patrulhamento ostensivo das rodovias federais" (Brasil, 1988). Nesse dispositivo constitucional, não há citação direta da atividade trânsito, todavia não existe outro órgão competente do sistema de segurança pública que tenha a missão de realizar policiamento ostensivo ou atividade de trânsito em rodovia federal. Logo, todas as atividades de polícia de trânsito em rodovias federais cabem à PRF.

De acordo com a lei, a PRF destina-se ao patrulhamento ostensivo, respectivamente, das rodovias federais (com exceção daquelas transferidas para outra instituição do segmento de segurança pública ou fiscalização de trânsito, por meio de convênio, conforme dispõe o art. 25 do CTB). Só as federais, porque o patrulhamento das rodovias estaduais é matéria de competência das polícias dos estados (Silva, 2010).

As Polícias Militares do Brasil, com previsão constitucional no art. 144, parágrafo 5º, da CF de 1988, bem como a PRF, contam com um enunciado muito genérico, que não traz claramente a função de polícia ostensiva de trânsito. Contudo, a Emenda Constitucional n. 82/2014 inclui no art. 144 o parágrafo 10, que cita a missão dos estados, do Distrito Federal e dos municípios no quadro da polícia de trânsito. O inciso I do parágrafo 10 contempla as atividades que devem ser desempenhadas na esfera de trânsito; já o inciso II, as entidades, os órgãos e os agentes que devem realizar as missões constitucionais previstas no inciso anterior do mesmo parágrafo. Esse parágrafo 10 do art. 144 da CF de 1988 veio deixar mais clara a missão da polícia de trânsito dos órgãos do Sistema Nacional de Trânsito (SNT) dos estados e também dos municípios, pois havia apenas citação no parágrafo 5º.

Os órgãos dos municípios foram efetivamente vistos pela CF de 1988 como órgãos de polícia de trânsito, o que até então só acontecia em virtude do CTB. O parágrafo 10 do art. 144 da CF de 1988 foi incluído em 2014, um pouco antes da criação do Estatuto das Guardas Municipais – Lei n. 13.022, de 8 de agosto de 2014 (Brasil, 2014) –, o qual, por sua vez, atribui às Guardas Municipais, em seu art. 5º, inc. VI, a competência para exercer atividades de trânsito, em consonância com o CTB.

Os constituintes recusaram várias propostas no sentido de instituir alguma forma de polícia municipal. Os municípios não receberam nenhuma responsabilidade específica pela segurança pública, ficando com essa responsabilidade na medida em que, sendo entidades estatais, não podem eximir-se de ajudar os estados no cumprimento dessa função. O constituinte não permitiu a concessão de um órgão policial de segurança, tampouco de Polícia Judiciária. A única concessão permitida aos municípios foi a possibilidade de criação de Guardas Municipais com o objetivo de proteção de bens, serviços e instalações. Com foco especificamente no patrimônio municipal e aqueles de uso comum do povo (Silva, 2010).

No que se refere ao âmbito da **legalidade** do tema, o CTB (Lei n. 9.503/1997) estabelece o SNT, prevendo a missão legal de cada órgão ou entidade e delimitando as respectivas funções.

1.3 Entidades de fiscalização de trânsito

Vejamos, a seguir, as entidades de fiscalização que integram o SNT, com o detalhamento e as peculiaridades que são pertinentes a cada uma delas, quais sejam, a PRF, a Polícia Militar e o Sistema Municipal de Fiscalização.

Polícia Rodoviária Federal

A PRF é uma instituição criada pelo Estado brasileiro com o objetivo de fiscalização, controle e tantas outras missões, para exercer as atividades de polícia ostensiva de trânsito nas rodovias federais. O CTB relaciona essas atribuições em seu art. 20, conforme segue:

> Art. 20. Compete à Polícia Rodoviária Federal, no âmbito das rodovias e estradas federais:
>
> I – cumprir e fazer cumprir a legislação e as normas de trânsito, no âmbito de suas atribuições;
>
> II – realizar o patrulhamento ostensivo, executando operações relacionadas com a segurança pública, com o objetivo de preservar a ordem, incolumidade das pessoas, o patrimônio da União e o de terceiros;
>
> III – aplicar e arrecadar as multas impostas por infrações de trânsito, as medidas administrativas decorrentes e os valores provenientes de estada e remoção de veículos, objetos, animais e escolta de veículos de cargas superdimensionadas ou perigosas;
>
> IV – efetuar levantamento dos locais de acidentes de trânsito e dos serviços de atendimento, socorro e salvamento de vítimas;

v – credenciar os serviços de escolta, fiscalizar e adotar medidas de segurança relativas aos serviços de remoção de veículos, escolta e transporte de carga indivisível;

vi – assegurar a livre circulação nas rodovias federais, podendo solicitar ao órgão rodoviário a adoção de medidas emergenciais, e zelar pelo cumprimento das normas legais relativas ao direito de vizinhança, promovendo a interdição de construções e instalações não autorizadas;

vii – coletar dados estatísticos e elaborar estudos sobre acidentes de trânsito e suas causas, adotando ou indicando medidas operacionais preventivas e encaminhando-os ao órgão rodoviário federal;

viii – implementar as medidas da Política Nacional de Segurança e Educação de Trânsito;

ix – promover e participar de projetos e programas de educação e segurança, de acordo com as diretrizes estabelecidas pelo CONTRAN;

x – integrar-se a outros órgãos e entidades do Sistema Nacional de Trânsito para fins de arrecadação e compensação de multas impostas na área de sua competência, com vistas à unificação do licenciamento, à simplificação e à celeridade das transferências de veículos e de prontuários de condutores de uma para outra unidade da Federação;

xi – fiscalizar o nível de emissão de poluentes e ruído produzidos pelos veículos automotores ou pela sua carga, de acordo com o estabelecido no art. 66, além de dar apoio, quando solicitado, às ações específicas dos órgãos ambientais. (Brasil, 1997)

As principais missões relacionadas à fiscalização de trânsito estão nos incisos II e IV do art. 20. No inciso II do dispositivo mencionado constam as atribuições de polícia de trânsito, com a descrição do patrulhamento e das operações. Por sua vez, o inciso IV menciona os atendimentos de acidentes de trânsito ocorridos nas rodovias e estradas federais.

Julyver Modesto de Araujo (2020a, grifo do original) detalha, em comentário ao art. 20 do CTB, alguns outros aspectos específicos da competência da PRF:

> O Código de Trânsito Brasileiro inclui a Polícia Rodoviária Federal no Sistema Nacional de Trânsito, no artigo 7º, inciso V, e define a palavra patrulhamento, como a função exercida pela Polícia Rodoviária Federal *com o objetivo de garantir obediência às normas de trânsito, assegurando a livre circulação e evitando acidentes* (Anexo I).
>
> Em 1991, passou a integrar a estrutura regimental do Ministério da Justiça (Decreto n. 11/91) e suas competências estão descritas tanto no artigo 20 do CTB, quanto no Decreto n. 1.655/95. Além das atribuições relacionadas ao trânsito (as quais se repetem em ambas as normas), o Decreto mencionado faz referência mais expressa à atuação policial do órgão, voltada à segurança das rodovias, como se verifica nos incisos IX e X do seu artigo 1º, respectivamente: *"efetuar a fiscalização e o controle do tráfico de menores nas rodovias federais, adotando as providências cabíveis contidas na Lei n. 8.069 de 13 de junho de 1990 (Estatuto da Criança e do Adolescente)"* e *"colaborar e atuar na prevenção e repressão aos crimes contra a vida, os costumes, o patrimônio, a ecologia, o meio ambiente, os furtos e roubos de veículos e bens, o tráfico de entorpecentes*

> e drogas afins, o contrabando, o descaminho e os demais crimes previstos em leis".
>
> Dentre as competências estabelecidas no artigo 20, destaca-se o inciso III, que prevê a aplicação das multas de trânsito, por infrações constatadas no âmbito de sua circunscrição, o que distingue sua atuação das Polícias Militares dos Estados e do Distrito Federal (incluindo as Polícias Rodoviárias Estaduais), as quais, por serem agentes de trânsito (artigo 23, III), apenas lavram os autos de infrações, para que o órgão ou entidade executivo de trânsito ou rodoviário conveniado promova a imposição da sanção administrativa cabível.
>
> A fiscalização de trânsito relativa ao excesso de peso e de velocidade ainda é exercida em conjunto com o Departamento Nacional de Infraestrutura de Transportes – DNIT, órgão executivo rodoviário da União, nos termos da Resolução do Conselho Nacional de Trânsito n. 289/08.

A PRF tem suas atribuições previstas no art. 20 do CTB. O rol de atividades é expressivo, contudo, apresenta uma peculiaridade em relação aos demais órgãos de fiscalização: ela é autoridade de trânsito, ao passo que os demais necessitam da criação de um órgão ou da delegação de poderes.

Polícia Militar

O CTB prevê a participação das Polícias Militares no SNT, bem como prevê suas atribuições. Contudo, os Comandantes da Força, nas unidades da Federação, não são autoridades de trânsito, ou seja, por si não podem atuar (veremos essa relação na sequência). As Polícias Militares têm sua missão de trânsito prevista no art. 23 do CTB, dispositivo que foi quase vetado em sua totalidade. Vejamos:

> Art. 23. Compete às Polícias Militares dos Estados e do Distrito Federal:
>
> I – (VETADO)
>
> II – (VETADO)
>
> III – executar a fiscalização de trânsito, quando e conforme convênio firmado, como agente do órgão ou entidade executivos de trânsito ou executivos rodoviários, concomitantemente com os demais agentes credenciados;
>
> IV – (VETADO)
>
> V – (VETADO)
>
> VI – (VETADO)
>
> VII – (VETADO)
>
> Parágrafo único. (VETADO) (Brasil, 1997)

Cabe ressaltar que, diante da redação original dos sete incisos do art. 23 do CTB, apenas um permaneceu – o inciso III. O parágrafo único, por sua vez, também foi vetado. Ordeli Savedra Gomes (2011, p. 36) descreveu essa situação envolvendo o enunciado da competência das Polícias Militares, esclarecendo que:

> No projeto do Código de Trânsito Brasileiro, às Polícias Militares estava estabelecida uma enorme gama de atribuições e competência. Ocorre, que o Presidente da República vetou seis dos sete incisos e ainda o parágrafo único, mantendo tão somente o inc. III deste art. 23. Se este inciso também tivesse sido objeto de veto, todo o artigo deixaria de existir e os demais órgãos executivos de trânsito e executivos rodoviários teriam um enorme problema ou ficaria um país praticamente sem fiscalização de trânsito nas vias urbanas e rodovias e estradas

estaduais. Contudo, ao manter-se este inciso, permitiu que as Polícias Militares passassem a executar as atividades de fiscalização de trânsito, atentando-se ao quando e mediante convênio firmado, como agente do órgão ou entidade executivo de trânsito ou executivo rodoviário, concomitantemente com os demais agentes de trânsito, indispensável que tenha um convênio prévio à sua atuação. Ao contrário, todos os atos praticados serão nulos de pleno direito, eis que se deixou de adotar um procedimento exigido em lei para atuação.

Por outro lado, cumpre destacar ainda que, embora a Polícia Militar passasse a fiscalizar o trânsito, mediante convênio, o foi como agente da autoridade e não como tal. Portanto, poderá atuar e adotar as medidas administrativas decorrentes, nos termos previstos no Cap. XVII deste Código e nunca aplicar as penalidades, previstas no Cap. XVI deste Código, pois se o fizer, estará exorbitando da permissão legal e também, seus nulos de pleno direito.

Contudo, os órgãos executivos de trânsito e executivos rodoviários que conveniarem com as Polícias Militares e delegarem competência para as atividades de fiscalização de trânsito, não ficam proibidos de também atuarem com seus agentes.

Embora tenha ficado apenas um inciso, a competência das Polícias Militares ficou bem abrangente. Estas são vistas como a maior instituição de fiscalização no Brasil. Parece contraditório: a instituição que tem maior fragilidade legislativa prevista no CTB e que depende de convênio para sua atuação é aquela mais significativa no processo.

É impossível imaginar o quadro, como comenta o professor Gomes (2011): o Brasil sem a fiscalização das Polícias Militares no trânsito urbano. Essas corporações fazem de tudo: fiscalização, atendimento de acidente, abordagem, operações, *blitz*, campanhas educativas e outros.

Sistema Municipal de Fiscalização

A participação do município na atividade de trânsito aparece de maneira mais enfática com o atual CTB, pois, até então, os municípios não recebiam um tratamento justo pela legislação na esfera de trânsito. Nesse sentido, vejamos o teor do art. 24 do CTB:

> Art. 24. Compete aos órgãos e entidades executivos de trânsito dos Municípios, no âmbito de sua circunscrição:
>
> I – cumprir e fazer cumprir a legislação e as normas de trânsito, no âmbito de suas atribuições;
>
> II – planejar, projetar, regulamentar e operar o trânsito de veículos, de pedestres e de animais, e promover o desenvolvimento da circulação e da segurança de ciclistas;
>
> III – implantar, manter e operar o sistema de sinalização, os dispositivos e os equipamentos de controle viário;
>
> IV – coletar dados estatísticos e elaborar estudos sobre os acidentes de trânsito e suas causas;
>
> V – estabelecer, em conjunto com os órgãos de polícia ostensiva de trânsito, as diretrizes para o policiamento ostensivo de trânsito;
>
> VI – executar a fiscalização de trânsito em vias terrestres, edificações de uso público e edificações privadas de uso coletivo, autuar e aplicar as medidas administrativas cabíveis e as penalidades de advertência por escrito e

multa, por infrações de circulação, estacionamento e parada previstas neste Código, no exercício regular do poder de polícia de trânsito, notificando os infratores e arrecadando as multas que aplicar, exercendo iguais atribuições no âmbito de edificações privadas de uso coletivo, somente para infrações de uso de vagas reservadas em estacionamentos;

VII – aplicar as penalidades de advertência por escrito e multa, por infrações de circulação, estacionamento e parada previstas neste Código, notificando os infratores e arrecadando as multas que aplicar;

VIII – fiscalizar, autuar e aplicar as penalidades e medidas administrativas cabíveis relativas a infrações por excesso de peso, dimensões e lotação dos veículos, bem como notificar e arrecadar as multas que aplicar;

IX – fiscalizar o cumprimento da norma contida no art. 95, aplicando as penalidades e arrecadando as multas nele previstas;

X – implantar, manter e operar sistema de estacionamento rotativo pago nas vias;

XI – arrecadar valores provenientes de estada e remoção de veículos e objetos, e escolta de veículos de cargas superdimensionadas ou perigosas;

XII – credenciar os serviços de escolta, fiscalizar e adotar medidas de segurança relativas aos serviços de remoção de veículos, escolta e transporte de carga indivisível;

XIII – integrar-se a outros órgãos e entidades do Sistema Nacional de Trânsito para fins de arrecadação e compensação de multas impostas na área de sua competência, com vistas à unificação do licenciamento, à simplificação e à celeridade das transferências de veículos e de prontuários dos condutores de uma para outra unidade da Federação;

XIV – implantar as medidas da Política Nacional de Trânsito e do Programa Nacional de Trânsito;

XV – promover e participar de projetos e programas de educação e segurança de trânsito de acordo com as diretrizes estabelecidas pelo CONTRAN;

XVI – planejar e implantar medidas para redução da circulação de veículos e reorientação do tráfego, com o objetivo de diminuir a emissão global de poluentes;

XVII – registrar e licenciar, na forma da legislação, veículos de tração e propulsão humana e de tração animal, fiscalizando, autuando, aplicando penalidades e arrecadando multas decorrentes de infrações;

XVIII – conceder autorização para conduzir veículos de propulsão humana e de tração animal;

XIX – articular-se com os demais órgãos do Sistema Nacional de Trânsito no Estado, sob coordenação do respectivo CETRAN;

XX – fiscalizar o nível de emissão de poluentes e ruído produzidos pelos veículos automotores ou pela sua carga, de acordo com o estabelecido no art. 66, além de dar apoio às ações específicas de órgão ambiental local, quando solicitado;

XXI – vistoriar veículos que necessitem de autorização especial para transitar e estabelecer os requisitos técnicos a serem observados para a circulação desses veículos.

§ 1º As competências relativas a órgão ou entidade municipal serão exercidas no Distrito Federal por seu órgão ou entidade executivos de trânsito.

> § 2º Para exercer as competências estabelecidas neste artigo, os Municípios deverão integrar-se ao Sistema Nacional de Trânsito, conforme previsto no art. 333 deste Código. (Brasil, 1997)

Ao todo, 21 incisos e mais 2 parágrafos, o que revela competência bastante abrangente dos municípios na configuração atual do SNT. Conforme mencionamos anteriormente, a participação das Guardas Municipais na fiscalização de questões relativas ao trânsito veio com o incremento do parágrafo 10 do art. 114 da CF de 1988 e com o Estatuto das Guardas Municipais (Lei n. 13.022/2014). Com base nesses acontecimentos, o município começou a interferir e executar suas missões legais, o que antes, em sua grande maioria, eram remetidos à Polícia Militar mediante convênio entre instituições.

Na mesma linha de pensamento, Tuani Ayres Paulo (2018), citando outros autores da área, assim sintetiza o tema sobre as funções do município na gestão e na fiscalização do trânsito:

> Destaca aí a competência conferida aos municípios que passaram a controlar a "circulação no âmbito das vias sob sua jurisdição, com o que resta atenuada a hipertrofia centralizadora do Estado, dando-se relevo ao fato de revelar o Trânsito, sobretudo interesse local". Distribuindo-se as funções, criando-se órgãos técnicos para atuarem em setores especializados (RIZZARDO, 2004, p. 46).
>
> Portanto, compete aos órgãos executivos municipais de trânsito desempenhar 21 (vinte e uma) atribuições. De acordo com o preenchimento dos requisitos para integração do município ao Sistema Nacional de Trânsito, ele adquire a responsabilidade pelo planejamento, o projeto, a operação e a fiscalização, não apenas no perímetro urbano, mas também nas estradas municipais. Passa

então a prefeitura a executar serviços de sinalização, fiscalização, aplicação de penalidades, bem como a educação de trânsito. (DENATRAM, 2013).

Decorridos alguns anos da vigência do CTB, como afirma Almeida (2004, p.1203) "cerca de 90% dos municípios ainda não estão integrados ao Sistema Nacional de Trânsito, o que pode acarretar a sua responsabilização por evento de Trânsito que ocorra, conforme a Lei n. 9.503/97".

Denota-se que em 1999 foi publicada a Resolução n. 106, de 21 de dezembro de 1999, que dispõe sobre a integração dos órgãos e entidades executivos municipais rodoviários e de Trânsito ao Sistema Nacional de Trânsito; depois a Resolução n. 147, de 19 de setembro de 2003, que estabelece as diretrizes para a elaboração do Regimento Interno. (ALMEIDA, 2004).

O gerenciamento de Trânsito pelos Municípios constitui-se em "iniciativa lógica e coerente, eis o Trânsito uma questão local, ressaltando-se, todavia como ressalvado, competir privativamente à União legislar sobre Trânsito". (MITIDIERO, 2005, p. 58).

Algo que chama a atenção: 90% dos municípios brasileiros não exercem nenhum tipo de atividade de trânsito, logo, essa atividade acaba sendo repassada à Polícia Militar por meio de convênio entre o município e a força policial.

Para saber mais

A estrutura da segurança pública segue o desenvolvimento de ideias do art. 144 da CF de 1988. Ela cria alguns órgãos e suas atribuições, mas também gera a possibilidade de criação de outros, principalmente no caso da fiscalização municipal. O trânsito cada vez mais tem ocupado a

pauta de discussão das cidades pequenas e médias. O nível de preocupação do Poder Público com o trânsito tem aumentado ano após ano, e isso poderá impulsionar novas posturas por parte da Administração Pública. Consulte as obras indicadas a seguir para saber mais sobre esse dispositivo constitucional:
BARROSO, L. R. **Curso de direito constitucional contemporâneo**. 9. ed. São Paulo: Saraiva, 2020.
SILVA, J. A. da. **Curso de direito constitucional positivo**. 33. ed. São Paulo: Malheiros, 2010.

Síntese

O SNT é fragmentado, composto por vários órgãos de fiscalização que, em dado momento, podem ter competências conflitantes, como é o caso dos acidentes de trânsito nos cruzamentos de vias urbanas e rurais. Sempre haverá possibilidade de conflito legal, contudo, o atual sistema é muito interessante para a conjuntura brasileira.

Questões para revisão

1. No Sistema Nacional de Trânsito, quais são os órgãos normativos (de gestão) e os de fiscalização?

2. Sobre a estrutura do Sistema Nacional de Trânsito, os órgãos podem ser normativos, de fiscalização e mistos?

3. Quem **não** pode ser agente de trânsito?
   a. Servidor celestista.
   b. Policial militar.
   c. Professor da rede pública de ensino.
   d. Policial rodoviário federal.

4. **Não** é um atributo do poder de polícia:
   a. Autoexecutoridade.
   b. Discricionariedade.
   c. Coercibilidade.
   d. Adaptabilidade.

5. Assinale a alternativa correta:
   a. A Polícia Rodoviária Federal é competente para realizar a fiscalização em rodoviárias estaduais.
   b. A Polícia Militar só pode atuar na fiscalização mediante convênio com os municípios.
   c. O agente de trânsito só pode ser policial.
   d. Poder de polícia é a possibilidade que tem a Administração Pública, de, com os próprios meios, colocar em execução suas decisões, sem precisar recorrer previamente ao Poder Judiciário.

Questões para reflexão

1. Você considera o atual Sistema Nacional de Trânsito o mais ideal para o momento presente?

2. Em sua opinião, a Polícia Militar deveria ter um destaque maior no Sistema Nacional de Trânsito, ou seja, não depender de convênio com a autoridade de trânsito originária da via? Ou o trânsito não é missão da Polícia Militar?

capítulo dois

Abordagem da autoridade de trânsito

Conteúdos do capítulo:

- Princípios da fiscalização de trânsito.
- Formas de abordagem em conformidade com o ordenamento jurídico brasileiro.
- Casos de abusos de abordagem.

Após o estudo deste capítulo, você será capaz de:

1. compreender as diferentes técnicas de abordagem;
2. identificar os momentos em que os agentes de trânsito podem realizar a abordagem;
3. reconhecer os casos de abusos segundo a legislação brasileira vigente.

2.1 Princípios aplicáveis

A abordagem é o primeiro meio de interação entre o agente público (no caso, o policial ou o agente de trânsito) e o cidadão (nesse caso, o condutor). De um lado, o Estado, em qualquer parte do mundo é fácil de visualizar. Contudo, quando o agente público não sabe quem é o abordado, o que ele faz? O que ele pretende? Qual sua ficha criminal? Para responder a essas questões, o agente deve observar alguns princípios, os quais passaremos a analisar.

Figura 2.1 – Início de uma abordagem policial

Após a visualização de um veículo suspeito, o agente de trânsito deverá realizar a abordagem, devendo sempre ser observadas questões referentes à segurança do agente de trânsito (nesse caso, tomaremos como exemplo o policial), do abordado e dos demais ocupantes da via. Primeiramente, vejamos o conceito de **abordagem policial**:

> Apresenta-se a seguinte definição para a abordagem policial: "é um encontro entre a polícia e o público cujos procedimentos adotados variam de acordo com

> as circunstâncias e com a avaliação feita pelo policial sobre a pessoa com que interage, podendo estar relacionada ao crime ou não" (PINC, 2006).
>
> Na relação cotidiana entre a polícia e o público, a abordagem policial é um dos momentos mais comuns da interface entre esses dois atores. Qualquer pessoa, durante suas atividades de rotina, está sujeita a ser abordada por um policial na rua (RAMOS; MUSEMECI, 2005).
> (Pinc, 2007, p. 7)

Para que a abordagem ocorra de maneira adequada, devem ser observados os princípios gerais da abordagem policial, quais sejam: segurança, rapidez, surpresa, unidade de comando e ação vigorosa. Esclareceremos cada um deles a seguir.

Princípio da segurança

A função do policial é levar segurança para a sociedade, mas é impossível prover segurança sem ter segurança. Isso revela que a segurança do policial é primordial, afinal, como proteger o cidadão se o policial não estiver seguro? Ao agir, o agente do Estado tem de planejar mentalmente suas ações para que, durante a abordagem, a segurança dele e de seu companheiro seja preservada (em regra, evita-se fazer abordagens sozinho). Para tanto, o agente deve tomar alguns cuidados como iniciar a abordagem com a arma na mão, não permitir que nenhum outro agente cruze a linha de tiro, observar criteriosamente o cenário – tendo em vista que o abordado pode não estar sozinho –, e, o mais importante, estar sempre visualizando as mãos de quem está sendo abordado.

Princípio da rapidez

A rapidez técnica deriva de treinamento e habilidade. Se bem utilizada, pode dificultar as ações daqueles que queiram dificultar a abordagem.

Contudo, deve ser empreendida com cautela. A rapidez deve estar sempre relacionada com a eficiência do ato, uma vez que a rapidez impensada e sem respeitar princípios da ação torna-se afobação e pode prejudicar a ação.

Princípio da surpresa

A ação surpresa tem como objetivo surpreender o abordado, de modo que ele, por não esperar a abordagem, não possa reagir ou estabelecer dificuldades para os agentes públicos. Para que o efeito surpresa ocorra, os agentes não podem negligenciar os demais princípios da abordagem.

O princípio da surpresa está relacionado com a abordagem policial, contudo, é totalmente aplicável na abordagem de trânsito, evitando que o condutor consiga fugir da fiscalização ou, ainda, que tente empreender fuga de maneira desesperada, colocando em risco todos os ocupantes daquela via pública.

Princípio da unidade de comando

O militar recebe seus primeiros ensinamentos sempre baseado na unidade de comando, por meio de uma **ordem unida** – movimentos conjuntos que devem buscar a eficiência do conjunto. Logo, isso se aplica também às abordagens, sejam elas feitas por agentes públicos militares ou não. Ressaltamos a importância de uma ação coordenada, com apenas um agente proferindo os comandos verbais, de maneira clara, a fim de que o abordado entenda perfeitamente o que está sendo solicitado.

Além da Unidade de Comando, os comandos proferidos pelo emissor devem ser claros e objetivos, de fácil interpretação, possibilitando que as ordens emanadas por quem está no comando da abordagem sejam facilmente entendidas e acatadas.

Princípio da ação vigorosa

O que mata um agente de segurança pública em serviço, em muitos casos, é a rotina. Esse comportamento rotineiro deriva de situações similares com ausência de perigo, que levam a um certo "afrouxamento" nos preceitos técnicos da abordagem. Essa maneira mais relaxada de abordar, é percebida pelo abordado que pode aproveitar-se dela para investir contra os agentes públicos. Por isso, é fundamental que as ações sejam realizadas sempre de maneira séria e com a energia necessária para o desenvolvimento da ação.

Esses cinco princípios devem ser observados por todo policial, sendo ele agente da autoridade de trânsito ou não, cabendo observá-los ao máximo em quase todas as abordagens. Por que a ressalva "em quase todas as abordagens"? Porque, tradicionalmente, a popular "abordagem de trânsito" acaba relativizando esses princípios.

2.2 A popular "abordagem de trânsito"

Na abordagem de trânsito, via de regra, o agente de trânsito se aproxima da janela do condutor do veículo, apresenta-se e solicita a Carteira Nacional de Habilitação (CNH) e o Certificado de Registro e Licenciamento de Veículo (CRLV). Na sequência, confere a documentação e se estiver tudo certo, agradece a abordagem explicando que se trata "de uma abordagem de rotina e que tal fato é para a segurança da sociedade". Pode mudar um pouco o conteúdo da fala, mas o sentido será o mesmo. Há alguns agentes que, antes de devolver os documentos solicitados para o condutor, dão aquela popular "benzida", que seria dar uma olhada rápida no aspecto externo do veículo.

A abordagem de trânsito mais próxima do necessário para a atividade de trânsito seria aquela em que o agente de trânsito requisita os documentos do veículo e a habilitação do condutor e, após a conferência, solicita ao condutor que ligue os piscas (lanternas indicativas) e faróis, para verificar as condições de luminosidade do veículo, e observa as condições dos pneus. Por último, o agente de trânsito solicita ao condutor que desembarque do veículo, momento em que pode ser verificado se este emite outros sinais que configurem embriaguez ou apresente qualquer alteração incompatível com a prática da direção de veículo automotor em via pública.

Figura 2.2 – Abordagem do agente de trânsito

A "abordagem de trânsito" está longe dos parâmetros de segurança de uma abordagem policial, mas ela tem origem lá no passado, momento em que o agente de trânsito era chamado por todos de "guarda", independentemente de ser policial ou não. O agente de trânsito que fazia a abordagem naquela época não tinha uma preocupação essencial com a questão da segurança pública, até mesmo porque esta não era a preocupação central de seu trabalho; seus objetivos eram questões de trânsito. Contudo, a sociedade mudou e o crime também passa pelo trânsito. Logo, essa postura foi mudando com o tempo.

Com o passar dos anos, o efetivo militar aplicado na atividade de trânsito começou a utilizar os princípios da abordagem policial na abordagem de trânsito. Todavia, naquelas abordagens que ocorrem dentro de um bloqueio de trânsito (a conhecida *"blitz"*), a abordagem em mulheres com criança no interior do veículo ou veículos ocupados por pessoas aparentemente idosas é conduzida para a abordagem de trânsito. Quando os abordados estão nos dois grupos ora mencionados, via de regra, independentemente do tipo de policiamento, a abordagem é mais branda. Algumas pessoas podem questionar que já houve casos de mulheres com crianças utilizando o cenário para transportar armas, drogas ou material de crime. Isso pode ocorrer, porém se trata de uma questão de bom senso.

A abordagem por si só é algo constrangedor para quem está sendo abordado, principalmente a busca pessoal (ou revista pessoal), entretanto, ela é necessária para a atividade policial.

2.3 *A fundada suspeita para a realização da abordagem*

No direito nada é simples e objetivo. No direito brasileiro, isso é mais complexo ainda, e um dos pontos mais críticos quando falamos em *abordagem* está no conceito e na aplicabilidade da fundada suspeita. Quando um policial aborda alguém, seja conduzindo um veículo automotor em via pública, seja simplesmente andando na rua, a pergunta do abordado é: "Por que estou sendo abordado?". O policial, na maioria das vezes, responde que "aconteceu um crime X e os suspeitos apresentam algumas das características do abordado". Em resumo, o policial finge que se engana e o abordado finge que acredita. Até mesmo porque o abordado não vai ficar discutindo com o policial. No entanto, uma coisa é fato: ninguém gosta de ser abordado, tampouco passar por uma revista pessoal.

Enfim, todo agente público só pode fazer aquilo que estiver escrito na Constituição Federal (CF) de 1988 ou em lei. No caso da abordagem, o amparo do policial envolvido está previsto nos arts. 240 e 244 do Código de Processo Penal (CPP) – Decreto-Lei n. 3.689, de 3 de outubro de 1941:

> Art. 240. A busca será domiciliar ou pessoal.
>
> [...]
>
> § 2º Proceder-se-á à busca pessoal quando houver **fundada suspeita** de que alguém oculte consigo arma proibida ou objetos mencionados nas letras *b* a *f* e letra *h* do parágrafo anterior.
>
> [...]
>
> Art. 244. A busca pessoal independerá de mandado, no caso de prisão ou quando houver **fundada suspeita** de que a pessoa esteja na posse de arma proibida ou de objetos ou papéis que constituam corpo de delito, ou quando a medida for determinada no curso de busca domiciliar. (Brasil, 1941b, grifo nosso)

Nesses dois dispositivos legais aparecem o termo *fundada suspeita*, mas, efetivamente, o que significa a expressão *fundada suspeita*?

> Fundada Suspeita: é requisito essencial e indispensável para a realização da busca pessoal, consistente na revista do indivíduo. Suspeita é uma desconfiança ou suposição, algo intuitivo e frágil, por natureza, razão pela qual a norma exige fundada suspeita, que é mais concreto e seguro. Assim, quando um policial desconfiar de alguém,

não poderá valer-se, unicamente, de sua experiência ou pressentimento, necessitando, ainda, de algo mais palpável, como a denúncia feita por terceiro de que a pessoa porta o instrumento usado para o cometimento do delito, bem como pode ele mesmo visualizar uma saliência sob a blusa do sujeito, dando nítida impressão de se tratar de um revólver. Enfim, torna-se impossível e impróprio enumerar todas as possibilidades autorizadoras de uma busca, mas continua sendo curial destacar que a autoridade encarregada da investigação ou seus agentes podem – e devem – revistar pessoas em busca de armas, instrumentos do crime, objetos necessários à prova do fato delituoso, elementos de convicção, entre outros, agindo escrupulosa e fundamentadamente. Na jurisprudência: TJES: "Não há de se falar na ilegalidade da abordagem policial quando delineada situação que autorizava a busca pessoal, com fulcro no § 2.º do artigo 240 do CPP, uma vez que havia fundada suspeita do envolvimento do réu na prática de crime de furto ocorrido nas imediações. Não bastasse isso, o comportamento desordeiro do réu na ocasião, quando caminhava pela rua após ter ingerido bebida alcoólica, chutando lixeiras, autorizava a pronta intervenção da Polícia Militar, cuja missão constitucional é a preservação da ordem pública e da incolumidade das pessoas e do patrimônio, nos termos do artigo 144, caput, da Carta Política". (Nucci, 2016, p. 484)

Nunes (2011) faz um recorte nessa definição, trazendo um raciocínio importante sobre a fundada suspeita, em que a abordagem deve apresentar algo mais palpável, como a denúncia feita por terceiro de que a pessoa porta o instrumento usado para o cometimento do delito, bem como pode ele mesmo visualizar uma saliência sob a blusa do sujeito, dando nítida impressão de se tratar de um revólver.

Enfim, torna-se impossível e impróprio enumerar todas as possibilidades autorizadoras de uma busca.

Logo, exige-se algo concreto para que o agente público, no caso, o policial, aborde aquela pessoa. Agora, vamos deslocar esse raciocínio para a área de trânsito. Por exemplo, um agente de trânsito, sem qualquer motivação específica (uma denúncia ou notícia-crime), se vê diante de dois veículos em condições similares. Em um deles, há uma mãe com duas crianças no banco de trás e, no outro, há três homens. O horário da abordagem ocorre às 21 h de sexta-feira. O agente de trânsito escolhe abordar o veículo com três homens, por imaginar que o condutor possa estar saindo de um *happy hour* com dois amigos e, logo, estaria com supostos sinais de embriaguez.

No exemplo mencionado, muitas pessoas fariam a mesma escolha que o agente de trânsito. No entanto, inexiste qualquer situação que motive tal abordagem, uma vez que os motivos que levaram o agente da autoridade de trânsito a fazer tal escolha foram meramente intuitivos, sem nenhum elemento concreto que caracterize suspeição.

O importante a ser ressaltado é que a busca pessoal ou a abordagem a veículo devem partir de algo concreto, em que existam elementos bastante razoáveis para a realização daquele ato. E a *expertise* policial ou a intuição do agente de trânsito não são elementos concretos para a busca pessoal.

> Realiza-se busca pessoal quando houver fundada suspeita de que alguém oculte consigo arma proibida ou objetos relacionados com infração penal (art. 240, § 2º, do CPP). A diligência pode abranger, conforme o caso, a revista do corpo da pessoa, de suas vestes, de bolsas, de pastas ou de veículos.
>
> "Havendo fundada suspeita de que a pessoa esteja na posse de objetos ou papéis que constituam corpo de

delito, como no caso, a busca em veículo, a qual é equiparada à busca pessoal, independerá da existência de mandado judicial para a sua realização" (STJ – HC 216.437/DF – 6ª Turma – Rel. Min. Sebastião Reis Júnior – julgado em 20.09.2012 – DJe 08.03.2013).

A lei prevê que a busca em mulher será feita por outra mulher, se não importar retardamento ou prejuízo da diligência (art. 249 do CPP).

Em regra, a busca pessoal pressupõe a existência de mandado expedido pelo juiz ou pela autoridade policial, do qual deve constar o nome da pessoa na qual será realizada a busca ou os sinais que a identifiquem (art. 243, I, do CPP), bem como menção ao motivo e fins da diligência (inciso II). É desnecessário o mandado, entretanto, no caso de prisão ou quando houver fundada suspeita de que a pessoa esteja na posse de arma proibida ou de objetos ou papéis que constituam corpo de delito de alguma infração penal, ou quando a medida for determinada no curso de busca domiciliar (art. 244 do CPP). (Reis; Gonçalves, 2017)

O Supremo Tribunal Federal (STF) já exarou decisão sobre o tema no Habeas Corpus n. 81.305/GO. Vejamos:

> EMENTA: HABEAS CORPUS. TERMO CIRCUNSTANCIADO DE OCORRÊNCIA LAVRADO CONTRA O PACIENTE. RECUSA A SER SUBMETIDO A BUSCA PESSOAL. JUSTA CAUSA PARA A AÇÃO PENAL RECONHECIDA POR TURMA RECURSAL DE JUIZADO ESPECIAL.
>
> Competência do STF para o feito já reconhecida por esta Turma no HC n.º 78.317.

> Termo que, sob pena de excesso de formalismo, não se pode ter por nulo por não registrar as declarações do paciente, nem conter sua assinatura, requisitos não exigidos em lei.
>
> A "fundada suspeita", prevista no art. 244 do CPP, não pode fundar-se em parâmetros unicamente subjetivos, exigindo elementos concretos que indiquem a necessidade da revista, em face do constrangimento que causa. Ausência, no caso, de elementos dessa natureza, que não se pode ter por configurados na alegação de que trajava, o paciente, um "blusão" suscetível de esconder uma arma, sob risco de referendo a condutas arbitrárias ofensivas a direitos e garantias individuais e caracterizadoras de abuso de poder. Habeas corpus deferido para determinar-se o arquivamento do Termo. (STF, 2002)

Fica nítido, mais uma vez, que a fundada suspeita não pode ser motivada por "achismo" ou por "pode ser que tenha algo". Deve existir informação concreta. Se perguntarmos aos agentes públicos qual o fato concreto que motiva a abordagem policial, a maioria responderá subjetivamente; outros relacionarão a suspeita a um crime hipotético, porque, nas grandes cidades do país, a todo momento alguém é vítima de roubo ou tem seu veículo furtado.

Algo importante a ser evidenciado é que, embora todo agente público, por obrigação constitucional e dever moral, quando existir a fundada suspeita, deva realizar a abordagem zelando sempre pelo respeito, jamais o ato deverá constituir-se em algo vexatório, sob pena de tal situação configurar crime de abuso de autoridade (Capez, 2016).

O mesmo critério que embasa uma abordagem policial deve ser estendido às abordagens de trânsito, sejam elas individuais, sejam em operação bloqueio. O bom senso utilizado em uma *blitz* no sentido de não realizar busca pessoal e revista do veículo de um senhor de idade deve ser utilizado na abordagem de um veículo com três jovens dentro, quando estes simplesmente estiverem trafegando na via e seu veículo não demonstrar nenhuma irregularidade.

Algumas pessoas podem concluir que, dessa forma, quase ninguém será preso e as irregularidades dificilmente serão apuradas. Concordamos. De fato, muitas irregularidades não serão apuradas e, assim, menos condutores irregulares serão fiscalizados. O Brasil apresenta elevados índices de violência urbana e, do mesmo modo, um trânsito extremamente violento, com gigantesco nível de desrespeito às normas de trânsito por parte dos condutores. Esses motivos permitem que a sociedade aceite a busca pessoal e a busca veicular em uma abordagem como meios necessários de fiscalização que proporcionam um trânsito mais seguro. No entanto, tal prática acaba se tornando contrária à legislação brasileira vigente, ou seja, a fundada suspeita sem motivo concreto poderia até ocorrer no Brasil, mas a legislação teria de ser alterada.

O agente público deve ser o primeiro a zelar pelo fiel cumprimento da CF de 1988 e da legislação vigente, não podendo ele criar outra norma, ainda mais quando esta entra em conflito com norma exigente no ordenamento jurídico. O agente público deve vincular suas ações ao conteúdo legal preexistente, sendo que tal vinculação está relacionada com o princípio da legalidade da Administração Pública, previsto no art. 37, *caput*, da CF de 1988.

2.4 *Casos de abusos*

A seguir, relataremos alguns exemplos de casos de abusos das autoridades de trânsito que podem ocorrer durante as abordagens.

Policial militar que realiza auto de infração de trânsito

Em uma situação hipotética, o policial militar devidamente escalado em serviço, dentro de viatura de policiamento ostensivo caracterizada, conforme estabelece o *Manual de Fiscalização de Trânsito*, v. II, item 4 (Contran, 2015b), observa que o condutor do veículo que transita na mesma via na frente da viatura policial ultrapassa o sinal vermelho. Diante da situação, o policial militar realiza a abordagem de trânsito e observa que o condutor do veículo não apresenta nenhuma irregularidade em relação à CNH, tampouco referente ao veículo conduzido. No entanto, o abordado cometeu uma infração de trânsito art. 208 do Código de Trânsito Brasileiro (CTB) – Lei n. 9.503, de 23 de setembro de 1997: "**Avançar o sinal vermelho do semáforo** ou de parada obrigatória" (Brasil, 1997, grifo nosso).

Para realizar a lavratura do auto de infração de trânsito (AIT) o policial militar que presenciou a infração tem de ser agente da autoridade de trânsito devidamente credenciado pela autoridade com circunscrição sobre a via. No entanto, esse militar não é credenciado e, então, solicita a presença de um policial militar que seja agente da autoridade de trânsito. Esse agente de trânsito devidamente credenciado chega ao local e realiza a notificação de trânsito para o condutor, com horário e local relacionado com o ato do condutor infrator.

Nesse caso, o AIT é irregular e abusivo, com base no art. 280, parágrafo 2º, do CTB: "**A infração deverá ser comprovada por declaração** da autoridade ou **do agente da autoridade de trânsito**, por aparelho eletrônico ou equipamento audiovisual, reações químicas ou qualquer outro meio tecnologicamente disponível, previamente regulamentado pelo CONTRAN" (Brasil, 1997). É necessário o agente de trânsito credenciado presenciar a conduta caracterizada com infração pelo CTB; se isso não acontecer, o ato sofre de legitimidade.

Se o avanço de sinal vermelho fosse crime de trânsito, o policial militar que abordou o condutor que avançou o sinal poderia fazer todo o rito previsto na legislação penal vigente, mas, como a atual ordenamento jurídico contempla esta ação apenas como infração administrativa, não há por que falarmos em *crime*.

Agente de trânsito que presencia infração de trânsito

Mais um caso hipotético: um agente de trânsito municipal (pertencente à Guarda Municipal de determinada cidade), saindo de uma via urbana, entra em um posto de combustível para abastecer a viatura. Todavia, quando ele está saindo do posto, observa que, na rodovia federal em frente, está passando um motociclista sem usar o capacete.

O guarda municipal sai do posto e aborda o motociclista em plena rodovia e, após fazer a verificação, realiza a notificação de trânsito com base no art. 244, inciso I, do CTB: "**sem usar capacete de segurança com viseira** ou óculos de proteção e vestuário de acordo com as normas e especificações aprovadas pelo CONTRAN" (Brasil, 1997, grifo nosso).

Após a lavratura do AIT, o condutor que havia realizado a conduta irregular no trânsito entra com um recurso administrativo contra a autoridade de trânsito que o notificou, alegando que o guarda municipal não é um agente de trânsito competente para realizar a notificação de trânsito em rodovia federal. O fato ocorreu e era passível de notificação, contudo, o agente deveria ser competente para a lavratura, o que não era o caso.

Agente de trânsito realiza mais de uma notificação para o mesmo fato

Vamos imaginar a seguinte situação: o agente de trânsito, devidamente credenciado para tal, visualiza um condutor de um carro jogar um papel pela janela. Após a abordagem de verificação, o agente de trânsito realiza as seguintes notificações: art. 172 ("**Atirar do veículo ou abandonar na via objetos ou substâncias**"), art. 252, inciso V ("**com apenas uma das mãos**, exceto quando deva fazer sinais regulamentares de braço, mudar a marcha do veículo, ou acionar equipamentos e acessórios do veículo") e art. 169 ("**Dirigir sem** atenção ou sem **os** cuidados indispensáveis à segurança"), todos do CTB (Brasil, 1997, grifo nosso).

A conduta desse condutor de veículo automotor está errada, mas somente a primeira notificação (art. 172 do CTB) poderia ser realizada, pois as demais (arts. 252 e 169 do CTB) estão inseridas no próprio contexto da principal. Fazer a notificação para as demais situações incorporadas na principal caracteriza *non bis in idem*, que, no direito, significa que "ninguém pode ser punido mais de uma vez pela mesma conduta delituosa".

Remoção do veículo após ser sanada a irregularidade

O CTB prevê situações de retenção (art. 270) e outras de remoção (art. 271) do veículo. Vamos conferir, a seguir, as peculiaridades de cada dispositivo.

> Art. 270. O veículo poderá ser retido nos casos expressos neste Código.
>
> § 1º Quando a irregularidade puder ser sanada no local da infração, o veículo será liberado tão logo seja regularizada a situação.
>
> § 2º Não sendo possível sanar a falha no local da infração, o veículo, desde que ofereça condições de segurança para circulação, poderá ser liberado e entregue a condutor regularmente habilitado, mediante recolhimento do Certificado de Licenciamento Anual, contra apresentação de recibo, assinalando-se prazo razoável ao condutor para regularizar a situação, para o que se considerará, desde logo, notificado.
>
> § 3º O Certificado de Licenciamento Anual será devolvido ao condutor no órgão ou entidade aplicadores das medidas administrativas, tão logo o veículo seja apresentado à autoridade devidamente regularizado.

§ 4º Não se apresentando condutor habilitado no local da infração, o veículo será removido a depósito, aplicando-se neste caso o disposto no art. 271.

§ 5º A critério do agente, não se dará a retenção imediata, quando se tratar de veículo de transporte coletivo transportando passageiros ou veículo transportando produto perigoso ou perecível, desde que ofereça condições de segurança para circulação em via pública.

§ 6º Não efetuada a regularização no prazo a que se refere o § 2º, será feito registro de restrição administrativa no Renavam por órgão ou entidade executivo de trânsito dos Estados e do Distrito Federal, que será retirada após comprovada a regularização.

§ 7º O descumprimento das obrigações estabelecidas no § 2º resultará em recolhimento do veículo ao depósito, aplicando-se, nesse caso, o disposto no art. 271.

Art. 271. O veículo será removido, nos casos previstos neste Código, para o depósito fixado pelo órgão ou entidade competente, com circunscrição sobre a via.

§ 1º A restituição do veículo removido só ocorrerá mediante prévio pagamento de multas, taxas e despesas com remoção e estada, além de outros encargos previstos na legislação específica.

§ 2º A liberação do veículo removido é condicionada ao reparo de qualquer componente ou equipamento obrigatório que não esteja em perfeito estado de funcionamento.

§ 3º Se o reparo referido no § 2º demandar providência que não possa ser tomada no depósito, a autoridade responsável pela remoção liberará o veículo para reparo, na forma transportada, mediante autorização, assinalando prazo para reapresentação.

§ 4º Os serviços de remoção, depósito e guarda de veículo poderão ser realizados por órgão público, diretamente, ou por particular contratado por licitação pública, sendo o proprietário do veículo o responsável pelo pagamento dos custos desses serviços.

§ 5º O proprietário ou o condutor deverá ser notificado, no ato de remoção do veículo, sobre as providências necessárias à sua restituição e sobre o disposto no art. 328, conforme regulamentação do CONTRAN.

§ 6º Caso o proprietário ou o condutor não esteja presente no momento da remoção do veículo, a autoridade de trânsito, no prazo de 10 (dez) dias contado da data da remoção, deverá expedir ao proprietário a notificação prevista no § 5º, por remessa postal ou por outro meio tecnológico hábil que assegure a sua ciência, e, caso reste frustrada, a notificação poderá ser feita por edital.

§ 7º A notificação devolvida por desatualização do endereço do proprietário do veículo ou por recusa desse de recebê-la será considerada recebida para todos os efeitos.

§ 8º Em caso de veículo licenciado no exterior, a notificação será feita por edital.

§ 9º Não caberá remoção nos casos em que a irregularidade puder ser sanada no local da infração.

§ 10. O pagamento das despesas de remoção e estada será correspondente ao período integral, contado em dias, em que efetivamente o veículo permanecer em depósito, limitado ao prazo de 6 (seis) meses.

§ 11. Os custos dos serviços de remoção e estada prestados por particulares poderão ser pagos pelo proprietário diretamente ao contratado.

> § 12. O disposto no § 11 não afasta a possibilidade de o respectivo ente da Federação estabelecer a cobrança por meio de taxa instituída em lei.
>
> § 13. No caso de o proprietário do veículo objeto do recolhimento comprovar, administrativa ou judicialmente, que o recolhimento foi indevido ou que houve abuso no período de retenção em depósito, é da responsabilidade do ente público a devolução das quantias pagas por força deste artigo, segundo os mesmos critérios da devolução de multas indevidas. (Brasil, 1997)

Diante do conteúdo desses dois artigos do CTB, vamos imaginar a seguinte situação: um agente de trânsito aborda um condutor de um veículo e observa que este deveria estar utilizando lentes corretivas para conduzir o veículo, mas não está fazendo uso delas no momento da abordagem. O art. 162, inciso VI, do CTB menciona o seguinte:

> Art. 162. Dirigir veículo:
>
> [...]
>
> VI – sem usar lentes corretoras de visão, aparelho auxiliar de audição, de prótese física ou as adaptações do veículo impostas por ocasião da concessão ou da renovação da licença para conduzir:
>
> Infração – gravíssima;
>
> Penalidade – multa;
>
> Medida administrativa – retenção do veículo até o saneamento da irregularidade ou apresentação de condutor habilitado. (Brasil, 1997)

O condutor necessitava de uso de lentes corretivas, situação prevista inclusive na CNH desse condutor, mas havia esquecido esse item importante e necessário para a condução do veículo. O condutor pede para alguém trazer seus óculos (vamos imaginar que isso aconteceu rapidamente e não atrapalhou a rotina de trabalho dos agentes de trânsito) até o local da abordagem, mas o policial que estava fazendo a documentação inerente à infração não libera o veículo. Nesse caso, o agente de trânsito deveria confeccionar o AIT com base no art. 162, inciso VI, do CTB e, no campo da observação, registrar que o veículo foi liberado após sanar a irregularidade. A postura de não liberar o veículo para o condutor logo após ser satisfeita a necessidade constitui, sim, medida abusiva.

> *Para saber mais*
>
> Existem manuais policiais que falam detalhadamente sobre os princípios da abordagem policial, que, por sua vez, dão origem aos princípios da abordagem de trânsito. Contudo, com relação aos aspectos legais da escolha de quem será abordado, há poucos artigos que enfatizam esse assunto de modo concreto, e a maioria deles não trata do assunto de forma específica no que se refere ao que pode e ao que não pode ser praticado, tornando-se muito subjetivos. Como exemplo positivo, indicamos o *Manual de Técnicas de Polícia Ostensiva da PMSC*:
> SANTA CATARINA. Polícia Militar. **Manual de Técnicas de Polícia Ostensiva da PMSC**. 3. ed. Florianópolis: PMSC, 2014. Disponível em: <https://sindespe.org.br/portal/wp-content/uploads/2020/08/Manual-de-t%C3%A9cnicas-de-Pol%C3%ADcia-Ostensiva-da-PMSC.-3%C2%AA-ed.-Florian%C3%B3polis-2014..pdf>. Acesso em: 5 nov. 2020.

Síntese

A abordagem de trânsito é sempre algo tido como antipático por aquele que é abordado, porém se trata de um processo necessário para a fiscalização. A tecnologia pode evoluir muito e auxiliar os agentes de trânsito, durante a abordagem, quanto à escolha dos condutores que possam estar praticando alguma irregularidade. Contudo, enquanto ela não é desenvolvida e implementada, o método existente é o que foi abordado neste capítulo.

Questões para revisão

1. A abordagem de trânsito deve observar os mesmos princípios da abordagem pessoal? Explique.

2. A escolha aleatória de condutores a serem abordados é prática que observa o princípio da legalidade? Por quê?

3. Em uma abordagem, policial ou de trânsito, as orientações repassadas aos abordados devem ser claras e objetivas e, em regra, o comando verbal fica a critério de apenas um dos agentes do Estado. Qual é esse princípio da abordagem?
    a. Rapidez.
    b. Ação vigorosa.
    c. Unidade de comando.
    d. Surpresa.

4. A fundada suspeita embasa-se:
    a. na experiência do agente de trânsito.
    b. em motivos concretos que levam o agente do Estado a abordar alguém.

c. em critérios preconceituosos, motivados pela condição social ou pela etnia.

d. no princípio estabelecido por Ceasare Lombroso nos estudos de criminologia.

5. Assinale a alternativa correta:
   a. O direito brasileiro permite o *bis in idem*.
   b. O policial militar pode lavrar a notificação presenciada em rodovia federal.
   c. A abordagem de trânsito somente pode ser realizada por policial militar ou rodoviário federal.
   d. A infração de trânsito deve ser presenciada por agente de trânsito devidamente credenciado.

Questões para reflexão

1. Existe outra maneira, além dos meios atualmente disponíveis, para a realização da fiscalização pelos agentes de trânsito?

2. O que você mudaria na abordagem de trânsito?

capítulo três

Tipos de fiscalização de trânsito

Conteúdos do capítulo:

* Tipos de fiscalização empregados pelo Poder Público para averiguar os condutores de veículos.
* Peculiaridades e objetivos de cada forma de fiscalização.

Após o estudo deste capítulo, você será capaz de:

1. compreender como o Estado fiscalizador desempenha sua missão constitucional e legal de fiscalizar as condutas contrárias à legislação de trânsito vigente;
2. diferenciar os tipos de fiscalização de trânsito.

3.1 Patrulhamento ostensivo de trânsito

A atividade de patrulhamento ostensivo engloba toda atividade que tenha como objetivo a manutenção e a garantia de um trânsito seguro, visando à fiel prevenção e à repreensão imediata de infrações e crimes previstos na legislação de trânsito brasileira, e pode ser considerada policiamento de trânsito.

Figura 3.1 – *Condutor sendo notificado pelo agente de trânsito*

O patrulhamento de trânsito pode ser realizado por agente de trânsito preferencialmente, mas também pode ser efetuado por agentes públicos que não são credenciados como agentes da autoridade de trânsito com jurisdição sobre determinada via. Podemos citar como exemplo dessa última situação aqueles policiais militares que não são agentes de trânsito, contudo podem realizar um trabalho preventivo, visando impedir a ocorrência de infrações de trânsito. No cometimento de um crime de trânsito, pode o agente público (nesse caso, referimo-nos ao policial militar) realizar o devido encaminhado do condutor acusado do cometimento do crime. Para a realização dos procedimentos de ocorrência com crime de trânsito, o agente público não precisa ser agente da autoridade de trânsito.

O policial militar, agente da autoridade de trânsito que está realizando sua missão de patrulhamento ostensivo geral, quando se depara com uma situação de irregularidade no trânsito ou presta auxílio no trânsito (por exemplo, auxiliando na travessia de crianças que entram e saem de escolas), acaba realizando policiamento de trânsito mesmo não sendo esta sua missão principal.

Existem os "efeitos colaterais inconscientes", como no caso de um condutor de veículo que deseja atender o celular, mas observa que ao seu lado há uma viatura da Polícia Militar ou da Guarda Municipal, ou um motociclista que deseja avançar o sinal vermelho do semáforo e avista a viatura da Polícia Militar ou da Guarda Municipal. Notamos que, nesses dois exemplos, não foram mencionados se os policiais militares são agentes de trânsito ou não e, portanto, caso os condutores praticassem as ações, as punições seriam apenas infrações, que, por sua vez, só poderiam ser apuradas mediante a confecção de auto de infração de trânsito (AIT) por agente da autoridade de trânsito que presenciasse os acontecimentos.

Os casos citados são exemplos simples de atividades de trânsito. Outra hipótese que podemos encaixar nesse contexto são os policiais em viaturas que, após uma abordagem a veículo, acabam verificando assuntos relativos ao trânsito, como a Carteira Nacional de Habilitação (CNH), mesmo não tendo nenhum policial na guarnição com a condição de agente de trânsito.

A atividade de policiamento de trânsito é algo amplo, que pode ocorrer de várias formas e estilos diferentes. O conceito e a definição podem mudar, mas, se aquela atividade atinge sua finalidade no trânsito, ela pode ser considerada uma atividade de policiamento de trânsito.

3.2 *Operação volante*

A operação volante é popularmente conhecida no Estado do Paraná como *pinçamento*, termo utilizado com frequência na região. No entanto, essa modalidade de policiamento de trânsito pode receber outra nomenclatura em outros estados da Federação.

Trata-se de operações essencialmente feitas pela polícia com o objetivo de abordar condutores irregulares em determinada região, previamente delimitada pelo comando da operação. Procura-se, nesse tipo de operação, condutores sem habilitação; veículos sem condições de segurança para circular em via pública; condutores embriagados, principalmente no período noturno; além de outros motivos relacionados à segurança pública, como pessoas procuradas pela Justiça, armas, drogas, veículos furtados/roubados etc.

Essa modalidade de policiamento de trânsito surgiu principalmente com o advento de algumas ferramentas do mundo virtual, pois as operações de média e grande envergaduras são facilmente comunicadas pelas pessoas por meio de aplicativos de mapa ou redes sociais. Atualmente, alguns condutores, antes de escolher sua rota de direção, visualizam nos aplicativos (um deles é o Waze) onde estão sendo realizadas as operações policiais ou de trânsito. Diante da informação repassada pelo aplicativo, o condutor escolhe um destino mais "seguro" para que sua inobservância não seja descoberta pelos agentes da autoridade de trânsito.

Esse tipo de operação também foi uma resposta do Estado àqueles condutores que utilizam essa excelente ferramenta virtual para se eximir das penalidades previstas na legislação.

Na operação volante, via de regra, existe o carro comando, ou carro triagem, na região delimitada da operação, o qual tem a função de realizar os procedimentos burocráticos inerentes a cada tipo de situação. Por exemplo, diante de condutor sem CNH e com o licenciamento vencido do veículo, os policiais realizam o encaminhamento deste para área onde se encontra o carro triagem e lá são confeccionados os autos de infrações, o termo de recolhimento do veículo e o boletim de ocorrência (caso seja necessário encaminhamento para a Delegacia de Polícia).

Nessa modalidade de policiamento de trânsito, a atividade é realizada por meio de automóveis ou motocicletas e, na maioria dos casos, o que possibilita a escolha da abordagem são as características da região e as informações repassadas pelo setor de estatística da Unidade Policial. Essa atividade também pode ser realizada em rodovias, partindo de um perímetro previamente delimitado.

3.3 *Operação com ponto-base*

A operação com ponto-base, a princípio, não traz grandes resultados para a elaboração de um relatório de operação, mas proporciona uma eficiência muito grande no efeito preventivo.

Figura 3.2 – Operação com ponto-base

A operação em que os agentes de trânsito ficam posicionados em locais onde ocorrem com frequência infrações de trânsito ou acidentes de trânsito é uma forma de fiscalização muito eficiente, tendo em vista que tal procedimento inibe a postura de alguns condutores, que sabem que estão sendo vigiados. Gera aquele comportamento na mente do condutor do tipo "naquela esquina sempre tem guarda multando", por receio de uma penalidade ou por qualquer outro motivo – o importante é que os condutores acabam não excedendo os limites comportamentais e dirigem de maneira correta, respeitando a legislação vigente e utilizando preceitos de direção defensiva somados ao bom senso. Os resultados, passado algum tempo, podem ser verificados nas estatísticas e, não raro, apontam que o local onde houve operação com ponto-base reduziu o número de infrações e acidentes.

Somado a isso, os agentes da autoridade de trânsito acabam sempre abordando aqueles condutores desavisados que passam em frente aos agentes públicos cometendo algum tipo de infração de trânsito, obrigando-os a abordá-los. Nessa abordagem, também são fiscalizados outros itens, como a validade da CNH, as condições de segurança do veículo, o sistema de iluminação e outros.

Uma operação com ponto-base não faz os condutores se tornarem exemplos de conduta, contudo, evita problemas em determinadas regiões, o que atinge o objetivo.

3.4 *Operação radar*

Uma modalidade de policiamento de trânsito bem interessante é a operação radar, que geralmente é realizada próxima a locais de risco em rodovias, locais onde os condutores desrespeitam o limite de velocidade ou locais onde ocorrem muitos acidentes em virtude do excesso de velocidade.

Figura 3.3 – Operação radar

Nenhuma operação de trânsito com o objetivo de fiscalização é bem-vista pela sociedade, uma vez que as penalidades são, em muitos casos, bastante severas, levando os condutores a pagar uma quantia monetária alta e a perder o direito de dirigir veículo automotor por um longo tempo.

A operação radar geralmente ocorre nas rodovias, porém pode acontecer em vias urbanas. Os condutores, em regra, esperam os radares móveis nas rodovias e, nas cidades, a presença dos equipamentos de aferição de velocidade estáticos.

Os radares móveis geralmente não ficam em locais visíveis, são de longa distância e, na maioria dos casos, quando o condutor observa a presença da equipe, acaba sendo tarde, pois a aferição já foi realizada. Esse é um excelente exemplo de fiscalização pouco ostensiva, mas que produz muitos efeitos positivos.

3.5 Atendimento de acidente de trânsito

O atendimento de acidente de trânsito é, em tese, uma forma de fiscalização posterior, porque o efeito danoso já aconteceu e não existe mais o que ser feito. Todavia, após proporcionar assistência aos envolvidos em casos de ferimentos, os agentes de trânsito realizam inspeção de vários itens dos veículos envolvidos, bem como a condição dos condutores do acidente.

Figura 3.4 – Socorro médico após acidente de trânsito com vítima

Figura 3.5 – Acidente de trânsito sem vítima

Durante o atendimento do acidente de trânsito, os agentes de trânsito submetem os condutores envolvidos presentes no local do sinistro à realização do teste de alcoolemia, mediante o uso do etilômetro.

A finalidade de todo sistema de fiscalização e policiamento de trânsito tem como objetivo final evitar a ocorrência de acidentes de trânsito, principalmente aqueles com vítimas e óbitos.

3.6 *Operação bloqueio*

A operação bloqueio, conhecida como *blitz*, é, com certeza, a mais temida de todas as operações de trânsito. Falar para um condutor que a polícia está fazendo operação, logo este imagina o bloqueio de trânsito.

Quando pensamos em fiscalização de trânsito, o seguinte cenário nos vem à cabeça: de repente, você está dirigindo em uma via e se depara com um monte de guardas, carros parados sendo revistados, além de motos da polícia em pontos estratégicos para o caso de alguém empreender fuga. Ao ver guardas revistando veículos e outros carros sendo apreendidos, você pensa: Será que paguei o IPVA? Será que os piscas estão funcionando? Tomara que o guarda não me pare! Enfim, em fração de segundos você "reza o terço inteiro" e, mesmo se for ateu, pede "pelo amor de Deus, que o guarda não me pare".

Essa reação passa pela cabeça de, no mínimo, 80% das pessoas que se deparam com uma *blitz*, todos têm temor de operação bloqueio. No entanto, há alguns detalhes interessantes: a maioria das pessoas que passa por um bloqueio não é parada; outra grande curiosidade é que uma parcela significativa de condutores de veículos nunca se deparou com uma *blitz*. Não afirmamos aqui se tratar de uma lenda urbana, até porque elas existem, mas grande parte da população foge dela por uma questão de costume.

Figura 3.6 – Operação bloqueio

De outro viés, o raciocínio dos condutores deveria ser inverso, pois é bom que haja agentes de trânsito na via, já que isso significa que, naquele local, os condutores estarão sendo cautelosos e, por isso, a possibilidade de se cometer algo contrário à legislação e provocar um acidente diminui consideravelmente. No mundo inteiro, ninguém gosta de "guarda de trânsito", apenas, talvez, as pessoas mais idosas, em certo momento da vida. Contudo, quando alguém comete algum ato contrário à legislação – por exemplo, direção perigosa, embriaguez ao volante, racha e outros –, a maioria das pessoas liga para o serviço emergencial 190 pedindo a presença de agente de trânsito no local para fazer uma *blitz*. Isso parece um contrassenso, mas acontece porque o ser humano gosta de fiscalização e rigor com os outros, porém, quando ele é alvo desse rigor, quer que o agente de trânsito seja "aquela avó querida que fazia bolos na sua infância".

O bloqueio policial, a popular *blitz*, apresenta uma estrutura bem ampla para poder executar a fiscalização de trânsito de maneira eficiente e segura para todos os envolvidos no processo.

Figura 3.7 – Estrutura de operação bloqueio de trânsito – via de sentido único

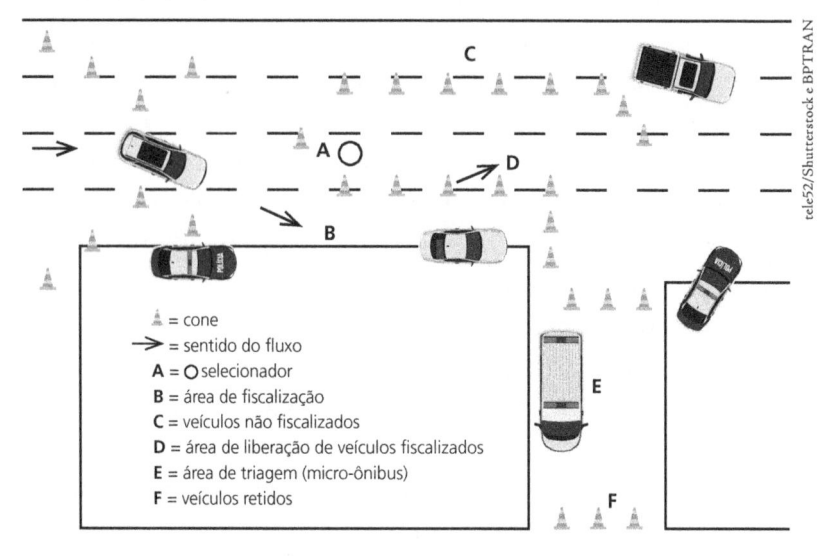

A = cone
→ = sentido do fluxo
A = O selecionador
B = área de fiscalização
C = veículos não fiscalizados
D = área de liberação de veículos fiscalizados
E = área de triagem (micro-ônibus)
F = veículos retidos

Antes de iniciar o bloqueio propriamente dito, existe a denominada *fuga anterior*, em que policiais ou agentes de trânsito ficam posicionados antes do início do bloqueio. Esses agentes públicos ficam observando o fluxo de veículos e indicando possíveis condutores a serem abordados. Geralmente são motociclistas que atuam em dupla e, caso algum condutor queira escapar da fiscalização, eles saem na captura, tentando abordá-los. Podem ser uma ou duas duplas. A comunicação com o selecionador do bloqueio é feita via rádio.

O **selecionador** é o agente de trânsito que indica quais veículos devem entrar na área de fiscalização, a popular **"caixa de abordagem"**.

O critério utilizado por esse profissional, via de regra, é por amostragem ou baseado em informações da fuga anterior, ou, ainda, em alguma informação relacionada à segurança pública ou ao trânsito que tenha ocorrido fora das dimensões do bloqueio. Na maioria das vezes, em razão do grande fluxo de veículos que passam em determinada via, a minoria é fiscalizada.

Na caixa de abordagem são realizados todos os procedimentos de fiscalização, como as condições dos condutores e tudo que envolve o veículo. Em determinadas circunstâncias, quando existe mais de um policial disponível para fazer a fiscalização, são realizadas abordagens policiais conforme estabelece a doutrina de Técnica Policial Militar. Se o agente de trânsito verificou alguma irregularidade no veículo que não possa ser corrigida de imediato, o veículo e seu condutor são encaminhados para a **triagem**.

Na faixa de trânsito destinada à fiscalização (a caixa de abordagem), sempre que possível, deverá haver policiais com arma longa para garantir a segurança de todos os envolvidos no processo e prevenir eventuais ações criminosas contra os agentes de trânsito e demais pessoas presentes no local.

A triagem é o cérebro da operação, sendo geralmente realizada dentro de um veículo adaptado para funcionar como se fosse o "escritório da empresa". São micro-ônibus ou vans adaptados, onde são colocadas mesas e cadeiras, além de computadores portáteis. Na triagem são realizadas as consultas que se fazem necessárias, bem como o controle dos veículos e condutores notificados.

Após a averiguação do veículo que foi apontado com indícios de algum tipo de irregularidade e tal suspeita ter sido confirmada, é necessário que sejam providenciados alguns documentos para a remoção do veículo ao pátio designado pela autoridade de trânsito competente, conforme determina a legislação de trânsito. O veículo fica, então, na área conhecida como "a guarda veículos", na qual esses documentos são providenciados, aguardando a remoção ao pátio.

Figura 3.8 – Estrutura de operação bloqueio de trânsito – via de sentido duplo

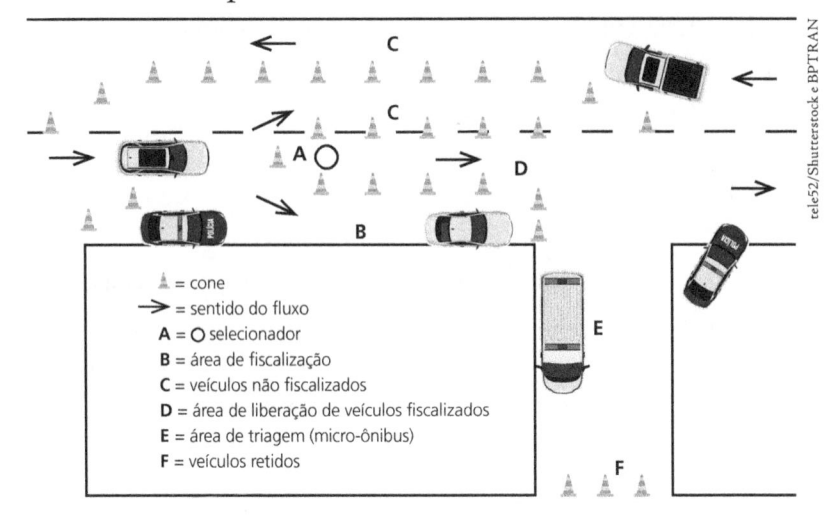

```
▲ = cone
→ = sentido do fluxo
A = O selecionador
B = área de fiscalização
C = veículos não fiscalizados
D = área de liberação de veículos fiscalizados
E = área de triagem (micro-ônibus)
F = veículos retidos
```

Existe, ainda, a chamada *fuga posterior*, caracterizada pelos agentes de trânsito que atuam com motocicletas após o final do bloqueio, com o objetivo de abordar e conter a fuga de condutores que tenham "fugido" da fiscalização quando designados para tal.

Geralmente, nas instituições militares que trabalham com o trânsito, existe a figura dos auxiliares do Comando da Operação. Na maioria dos casos, esses auxiliares são graduados e um deles fica responsável pela área de fiscalização, enquanto o outro se responsabiliza pelo gerenciamento da triagem.

Quem determina as ações gerais da operação bloqueio é o Comandante da Operação, que, nas instituições militares, é realizada por um oficial subalterno ou aspirante à oficial. Cabe ao Comandante da Operação supervisionar seus subordinados, dirimir dúvidas, determinar o início e o término da operação, dar entrevistas quando solicitado, prestar esclarecimentos a condutores fiscalizados, entre outros.

Existem ainda os profissionais que trabalham com os autoguinchos, que são responsáveis pela remoção dos veículos irregulares até o pátio designado pela autoridade de trânsito com circunscrição sobre a via.

3.7 Operação Lei Seca

Por fim, há a conhecida **operação Lei Seca**, que ganhou bastante força na última década, principalmente pelas alterações na legislação referente à embriaguez. Logo, a fiscalização de trânsito, em todos os estados da Federação, foi direcionada para condutores que dirigem veículo automotor em via pública sob efeito de álcool.

Figura 3.9 – Operação Lei Seca

No Brasil, tanto nas vias urbanas quanto nas estradas foram realizadas milhares de operações visando fiscalizar condutores embriagados. Ganharam muito destaque as operações realizadas na cidade do Rio de Janeiro, principalmente pela postura do Departamento de Trânsito (Detran) e da Polícia Militar do Estado do Rio de Janeiro.

A operação Lei Seca nada mais é do que uma forma de operação bloqueio, com estrutura similar, ou seja, é uma operação bloqueio com ênfase na fiscalização do condutor com sinais de embriaguez.

> *Para saber mais*
>
> Os manuais de fiscalização de trânsito reúnem mais detalhes sobre cada uma dessas formas de fiscalização. Geralmente, as instituições de fiscalização produzem um material específico para seus agentes. É possível encontrá-los nas bibliotecas institucionais policiais e na internet. Indicamos como exemplo a seguinte obra:
> RESTANHO, N. **Técnicas policiais de fiscalização de transporte.** [S.l.]: Clube dos Autores, 2015.

Síntese

Neste capítulo, vimos que a maioria das formas de operação de trânsito apresenta um formato tradicional com adaptações para a realidade. Observamos, então, aqui, esses modos antigos de fiscalizar, mas que ainda têm grande eficiência dentro da estrutura administrativa do Estado.

Questões para revisão

1. As formas de fiscalização de trânsito apresentadas neste capítulo podem ser realizadas pelos demais órgãos de fiscalização de trânsito não policiais?

2. Operação ponto-base e operação radar seguem a mesma forma de realizar a fiscalização? Explique.

3. Quais as principais ações do agente de trânsito no local do atendimento de acidente com vítima?
   a. Verificação da documentação do veículo e identificação de possíveis sinais de embriaguez.
   b. Prestação de socorro às vítimas e sinalização do local.
   c. Identificação dos condutores e remoção do veículo com irregularidade.
   d. Detenção do possível causador do acidente e remoção de veículos irregulares.

4. Assinale, a seguir, a alternativa **incorreta**:
   a. A operação radar somente pode ser realizada em rodovias.
   b. A operação ponto-base não necessita de uma quantidade específica de agentes de trânsito.
   c. A operação Lei Seca pode fiscalizar outros aspectos além de situações relacionadas à embriaguez.
   d. Os objetivos da fiscalização nos acidentes de trânsito sem vítima são evitar mortes e preservar a integridade corporal das pessoas que utilizam as vias públicas.

5. Sobre a abordagem de trânsito, é **incorreto** afirmar:
   a. Na abordagem de trânsito, podem ser utilizados os princípios da abordagem policial.
   b. Quando realizada por policiais, a abordagem de trânsito tem início, muitas vezes, nos procedimento da abordagem policial.

c. É possível, em determinadas abordagens de trânsito, ser realizada a revista pessoal antes da fiscalização de trânsito.

d. Os aplicativos que utilizam sistema de mapas não ajudam condutores sobre possíveis irregularidades.

Questões para reflexão

1. Qual a sensação de ser fiscalizado em uma operação de trânsito?

2. Você criaria outro método de fiscalização? Se sim, qual?

✦ ✦ ✦

capítulo quatro

Principais infrações de trânsito e premissas básicas de fiscalização

Conteúdos do capítulo:

* Aspectos legais a serem observados pelos agentes de trânsito durante a fiscalização.
* Principais infrações de trânsito.

Após o estudo deste capítulo, você será capaz de:

1. compreender os aspectos legais da fiscalização de trânsito;
2. identificar as principais infrações de trânsito;
3. saber como evitar o cometimento de infrações de trânsito.

Analisaremos, neste capítulo, as infrações que os agentes da autoridade de trânsito mais presenciam no dia a dia, durante a jornada de trabalho, as quais apresentam peculiaridades que merecem atenção no momento da confecção do auto de infração.

4.1 *Ausência de CNH ou PPD*

O condutor que não está portando a Carteira Nacional de Habilitação (CNH) ou Permissão para Dirigir (PPD) veículo automotor em via pública incide na primeira infração de trânsito prevista no Código de Trânsito Brasileiro (CTB) – Lei n. 9.503, de 23 de setembro de 1997. Vejamos o teor do art. 162 do CTB:

> Art. 162. Dirigir veículo:
>
> I – sem possuir Carteira Nacional de Habilitação, Permissão para Dirigir ou Autorização para Conduzir Ciclomotor: (Redação dada pela Lei n. 13.281, de 2016)
>
> Infração – gravíssima; (Redação dada pela Lei n. 13.281, de 2016)
>
> Penalidade – multa (três vezes); (Redação dada pela Lei n. 13.281, de 2016)
>
> Medida administrativa – retenção do veículo até a apresentação de condutor habilitado; [...]. (Incluído pela Lei n. 13.281, de 2016) (Brasil, 1997)

São passíveis de notificação: pessoas com idade inferior aos 18 anos (no caso de condutor estrangeiro, menor de 21 anos); o aprendiz de determinado Centro de Formação de Condutores (CFC) não possui a Licença para Aprendizagem de Direção Veicular (LADV) ou essa licença está vencida; e o condutor portador de habilitação fora do Brasil (independentemente de ser brasileiro ou não), vencido o prazo de 180 dias (comprovado mediante carimbo no passaporte), o qual entrou no Brasil (após esse período, o condutor deverá iniciar o processo de habilitação previsto pela legislação brasileira).

O agente de trânsito, sempre que possível, deverá verificar no Registro Nacional de Carteira de Habilitação (Renach) se aquele condutor de fato não é habilitado, tendo em vista que, muitas vezes, é interessante para determinado condutor ser tratado como não habilitado, principalmente por eventuais problemas com sua habilitação original. Essa infração pode estar vinculada ao crime previsto no art. 309 do CTB, mas a infração não enseja, necessariamente, a prática do crime. O enunciado do art. 309 diz o seguinte: "Dirigir veículo automotor, em via pública, sem a devida Permissão para Dirigir ou Habilitação ou, ainda, se cassado o direito de dirigir, gerando perigo de dano". A última parte deste enunciado, que traz a expressão "gerando perigo de dano" (Brasil, 1997), pode gerar interpretações diferentes. Contudo, a jurisprudência do direito brasileiro entende que o crime deve ser concreto, e não abstrato. Trazendo para o caso do condutor não habilitado, este, para ser considerado autor do crime do art. 309, deverá praticar alguma ação que coloque em risco a coletividade, os demais condutores ou, ainda, o patrimônio (independentemente de ser público ou privado). Vejamos a ementa de um acórdão histórico do Supremo Tribunal Federal (STF) no Habeas Corpus n. 84.377/SP sobre o referido tema:

> EMENTA: I. Infração de trânsito: direção de veículos automotores sem habilitação, nas vias terrestres: crime (CTB, art. 309) ou infração administrativa (CTB, art. 162, I), conforme ocorra ou não perigo concreto de dano: derrogação do art. 32 da Lei das Contravenções Penais (precedente: HC 80.362, Pl., 7.2.01, Inf. STF 217).

1. Em tese, constituir o fato infração administrativa não afasta, por si só, que simultaneamente configure infração penal.

2. No Código de Trânsito Brasileiro, entretanto, conforme expressamente disposto no seu art. 161 – e, cuidando-se de um código, já decorreria do art. 2º, § 1º, in fine, LICC – o ilícito administrativo só caracterizará infração penal se nele mesmo tipificado como crime, no Capítulo XIX do diploma.

3. Cingindo-se o CTB, art. 309, a incriminar a direção sem habilitação, quando gerar "perigo de dano", ficou derrogado, portanto, no âmbito normativo da lei nova–o trânsito nas vias terrestres – o art. 32 LCP, que tipificava a conduta como contravenção penal de perigo abstrato ou presumido.

4. **A solução que restringe à órbita da infração administrativa a direção de veículo automotor sem habilitação, quando inexistente o perigo concreto de dano** – já evidente pelas razões puramente dogmáticas anteriormente expostas –, **é a que melhor corresponde ao histórico do processo legislativo do novo Código de Trânsito, assim como às inspirações da melhor doutrina penal contemporânea, decididamente avessa às infrações penais de perigo presumido ou abstrato.** (STF, 2004, grifo nosso)

4.2 *Condutor com CNH suspensa ou cassada*

O condutor com CNH suspensa ou cassada incide na infração prevista no art. 162, inciso II, do CTB:

> Art. 162. Dirigir veículo:
>
> [...]
>
> II – com Carteira Nacional de Habilitação, Permissão para Dirigir ou Autorização para Conduzir Ciclomotor cassada ou com suspensão do direito de dirigir: (Redação dada pela Lei n. 13.281, de 2016)
>
> Infração – gravíssima; (Redação dada pela Lei n. 13.281, de 2016)
>
> Penalidade – multa (três vezes); (Redação dada pela Lei n. 13.281, de 2016)
>
> Medida administrativa–recolhimento do documento de habilitação e retenção do veículo até a apresentação de condutor habilitado; [...]. (Incluído pela Lei n. 13.281, de 2016) (Brasil, 1997)

Essas infrações ocorrem após decisão que determine a suspensão ou a cassação da CNH, isto é, a partir do momento que não houver mais recurso na esfera administrativa e a autoridade de trânsito competente tiver imposta a penalidade de suspensão ou cassação. Após a decisão da autoridade competente, no sistema de consulta disponível para os agentes aparecerá basicamente dois tipos de informações: "condutor deverá entregar a CNH para cumprir a suspensão/cassação" ou "CNH suspensa de período X a período Y". A terminologia poderá variar de acordo com cada Departamento de Trânsito (Detran), mas o sentido da redação será o mesmo.

Quando o agente de trânsito verificar no banco de dados que o condutor tem **medida judicial** impondo a penalidade de suspensão ou cassação, este deverá ser encaminhado para a Delegacia competente sob a acusação do crime previsto no art. 307 do CTB. Contudo, se o condutor não tiver medida judicial de cassação, porém for flagrado pelo agente de trânsito praticando algum ato na direção que configure perigo de dano, deverá ser encaminhado para a Delegacia competente com base no art. 309 do CTB.

4.3 Condutor com categoria diferente

O fato de o condutor possuir CNH não é autorização para dirigir todo tipo de veículo automotor, até porque, para dirigir alguns veículos, é necessário que o condutor tenha CNH há algum tempo. O art. 143 do CTB prevê os requisitos para cada tipo de categoria e veículo:

> Art. 143. Os candidatos poderão habilitar-se nas categorias de A a E, obedecida a seguinte gradação:
>
> I – Categoria A – condutor de veículo motorizado de duas ou três rodas, com ou sem carro lateral;
>
> II – Categoria B – condutor de veículo motorizado, não abrangido pela categoria A, cujo peso bruto total não exceda a três mil e quinhentos quilogramas e cuja lotação não exceda a oito lugares, excluído o do motorista;
>
> III – Categoria C – condutor de veículo motorizado utilizado em transporte de carga, cujo peso bruto total exceda a três mil e quinhentos quilogramas;
>
> IV – Categoria D – condutor de veículo motorizado utilizado no transporte de passageiros, cuja lotação exceda a oito lugares, excluído o do motorista;
>
> V – Categoria E – condutor de combinação de veículos em que a unidade tratora se enquadre nas categorias B, C ou D e cuja unidade acoplada, reboque, semirreboque, *trailer* ou articulada tenha 6.000 kg (seis mil quilogramas) ou mais de peso bruto total, ou cuja lotação exceda a 8 (oito) lugares. (Redação dada pela Lei n. 12.452, de 2011)
>
> § 1º Para habilitar-se na categoria C, o condutor deverá estar habilitado no mínimo há um ano na categoria B

> e não ter cometido nenhuma infração grave ou gravíssima, ou ser reincidente em infrações médias, durante os últimos doze meses.
>
> § 2º São os condutores da categoria B autorizados a conduzir veículo automotor da espécie motor-casa, definida nos termos do Anexo I deste Código, cujo peso não exceda a 6.000 kg (seis mil quilogramas), ou cuja lotação não exceda a 8 (oito) lugares, excluído o do motorista. (Incluído pela Lei n. 12.452, de 2011)
>
> § 3º Aplica-se o disposto no inciso V ao condutor da combinação de veículos com mais de uma unidade tracionada, independentemente da capacidade de tração ou do peso bruto total. (Brasil, 1997)

Após analisar os requisitos básicos, vamos verificar no que resulta a inobservância do art. 143 do CTB:

> Art. 162. Dirigir veículo:
>
> [...]
>
> VI – com Carteira Nacional de Habilitação ou Permissão para Dirigir de categoria diferente da do veículo que esteja conduzindo: (Redação dada pela Lei n. 13.281, de 2016)
>
> Infração – gravíssima; (Redação dada pela Lei n. 13.281, de 2016)
>
> Penalidade – multa (duas vezes); (Redação dada pela Lei n. 13.281, de 2016)
>
> Medida administrativa – retenção do veículo até a apresentação de condutor habilitado; (Redação dada pela Lei n. 13.281, de 2016) (Brasil, 1997)

Essa infração é caracterizada quando o condutor está dirigindo um veículo de outra categoria. Podemos citar como exemplos: condutor com CNH categoria B dirigindo motocicleta ou ônibus; condutor com CNH categoria A dirigindo carro ou caminhão; condutor com CNH categoria AD dirigindo caminhão reboque ou semi-reboque; entre outros.

Contudo, essa infração administrativa não vincula, em ato conjunto, a prática de um tipo de crime. Logo, somente os agentes da autoridade de trânsito podem tomar qualquer tipo de medida.

4.4 *Condutor com CNH vencida*

O condutor com CNH vencida há mais de 30 dias, quando flagrado, irá responder pela medida prevista no art. 162, inciso V, do CTB:

> Art. 162. Dirigir veículo:
>
> [...]
>
> v – com validade da Carteira Nacional de Habilitação vencida há mais de trinta dias:
>
> Infração – gravíssima;
>
> Penalidade – multa;
>
> Medida administrativa – recolhimento da Carteira Nacional de Habilitação e retenção do veículo até a apresentação de condutor habilitado; [...]. (Brasil, 1997)

Essa conduta de simples constatação necessita apenas da verificação da data de validade da CNH acrescida do prazo máximo de 30 dias; se tiver fora desse decurso temporal, estará caracterizada a infração.

Embora a autoridade de trânsito urbano comunique o condutor sobre a necessidade de renovação da CNH via serviço postal, o condutor acaba não verificando a correspondência por vários motivos. Ainda, a grande maioria dos condutores não tem o hábito de verificar a data de validade de sua CNH. Essa infração por si só não configura crime.

4.5 *Entregar ou permitir*

Os arts. 163 e 164 do CTB punem o proprietário do veículo automotor. O cometimento da infração administrativa deriva de um comportamento inerte ou de uma conduta permissiva apenas. Para essas situações, dois artigos do CTB disciplinam o tema:

> Art. 163. Entregar a direção do veículo a pessoa nas condições previstas no artigo anterior:
>
> Infração – as mesmas previstas no artigo anterior;
>
> Penalidade – as mesmas previstas no artigo anterior;
>
> Medida administrativa – a mesma prevista no inciso III do artigo anterior.
>
> Art. 164. Permitir que pessoa nas condições referidas nos incisos do art. 162 tome posse do veículo automotor e passe a conduzi-lo na via:
>
> Infração – as mesmas previstas nos incisos do art. 162;
>
> Penalidade – as mesmas previstas no art. 162;
>
> Medida administrativa – a mesma prevista no inciso III do art. 162. (Brasil, 1997)

Esses dois dispositivos legais estão condicionados às cinco possibilidades previstas nos incisos do art. 162 do CTB. A diferença entre esses dois artigos está no primeiro verbo de cada um deles: o art. 163 traz o verbo *entregar*, que se enquadra em todas aquelas situações onde o proprietário do veículo automotor não está presente no veículo no momento da abordagem; o art. 164 emprega o verbo *permitir*, que se refere a todas aquelas situações em que o próprio proprietário do veículo se encontra dentro dele, ou na posição de "garupa", no caso de motocicleta, no momento da abordagem.

Os arts. 163 e 164 têm vinculação com o art. 310 do CTB: "**Permitir**, confiar ou **entregar** a direção de veículo automotor a pessoa não habilitada, com habilitação cassada ou com o direito de dirigir suspenso, ou, ainda, a quem, por seu estado de saúde, física ou mental, ou por embriaguez, não esteja em condições de conduzi-lo com segurança" (Brasil, 1997, grifo nosso). Percebemos que no enunciado jurídico ora descrito, os dois verbos aparecem novamente, contudo, não fazem ressalva semelhante ao art. 309. Tão logo o agente de trânsito realize a abordagem do condutor infrator e efetue a respectiva notificação com base em um dos incisos previstos no art. 162 do CTB, na sequência, deve emitir o auto de infração para o proprietário, com base nos arts. 163 e 164 do CTB. Deverá o agente de trânsito encaminhar o proprietário do veículo para a Delegacia de Polícia competente sob a acusação do crime previsto no art. 310, independentemente da condução do condutor pelo art. 309. Caso o proprietário do veículo não esteja presente no momento da abordagem, todavia se apresente no local após esta, caracterizando a infração prevista no art. 163, este deverá ser encaminhado para a Delegacia com base no art. 310.

4.6 *Embriaguez ao volante*

Essa talvez seja a notificação de trânsito mais temida por todos os condutores no Brasil, tendo em vista sua penalidade e, também, seu valor pecuniário. Desde o surgimento do atual CTB, a redação que sofreu mais alterações foi a do art. 165 e, consequentemente, de seu crime relacionado, previsto no art. 306 do CTB.

As alterações relativas ao tema, em sua grande maioria, tiveram o objetivo de evitar lacunas jurídicas, a fim de que os condutores supostamente infratores não pudessem se beneficiar e, somado a isso, houve os acréscimos na penalidade da infração. Vejamos a redação do dispositivo:

> Art. 165. Dirigir sob a influência de álcool ou de qualquer outra substância psicoativa que determine dependência: (Redação dada pela Lei n. 11.705, de 2008)
>
> Infração – gravíssima; (Redação dada pela Lei n. 11.705, de 2008)
>
> Penalidade – multa (dez vezes) e suspensão do direito de dirigir por 12 (doze) meses. (Redação dada pela Lei n. 12.760, de 2012)
>
> Medida administrativa – recolhimento do documento de habilitação e retenção do veículo, observado o disposto no § 4º do art. 270 da Lei no 9.503, de 23 de setembro de 1997 – do Código de Trânsito Brasileiro. (Redação dada pela Lei n. 12.760, de 2012)
>
> Parágrafo único. Aplica-se em dobro a multa prevista no caput em caso de reincidência no período de até 12 (doze) meses. (Redação dada pela Lei n. 12.760, de 2012)
>
> Art. 165-A. Recusar-se a ser submetido a teste, exame clínico, perícia ou outro procedimento que permita certificar influência de álcool ou outra substância psicoativa, na forma estabelecida pelo art. 277: (Incluído pela Lei n. 13.281, de 2016)
>
> Infração – gravíssima; (Incluído pela Lei n. 13.281, de 2016)

> Penalidade – multa (dez vezes) e suspensão do direito de dirigir por 12 (doze) meses; (Incluído pela Lei n. 13.281, de 2016)
>
> Medida administrativa – recolhimento do documento de habilitação e retenção do veículo, observado o disposto no § 4º do art. 270. (Incluído pela Lei n. 13.281, de 2016)
>
> Parágrafo único. Aplica-se em dobro a multa prevista no *caput* em caso de reincidência no período de até 12 (doze) meses. (Incluído pela Lei n. 13.281, de 2016) (Brasil, 1997)

A infração do art. 165 é prevista quando o agente de trânsito presencia que o condutor está sob influência de bebida alcoólica ou de qualquer outra substância psicoativa que determine dependência, podendo esta ser lícita ou ilícita. Cabe verificar o teor de dois artigos previstos no CTB para entender a forma de configuração da infração de embriaguez:

> Art. 276. Qualquer concentração de álcool por litro de sangue ou por litro de ar alveolar sujeita o condutor às penalidades previstas no art. 165. (Redação dada pela Lei n. 12.760, de 2012)
>
> Parágrafo único. O Contran disciplinará as margens de tolerância quando a infração for apurada por meio de aparelho de medição, observada a legislação metrológica. (Redação dada pela Lei n. 12.760, de 2012)
>
> Art. 277. O condutor de veículo automotor envolvido em acidente de trânsito ou que for alvo de fiscalização de trânsito poderá ser submetido a teste, exame clínico, perícia ou outro procedimento que, por meios técnicos ou científicos, na forma disciplinada pelo Contran, permita certificar influência de álcool ou outra substância

> psicoativa que determine dependência. (Redação dada pela Lei n. 12.760, de 2012)
>
> § 1º (Revogado). (Redação dada pela Lei n. 12.760, de 2012)
>
> § 2º A infração prevista no art. 165 também poderá ser caracterizada mediante imagem, vídeo, constatação de sinais que indiquem, na forma disciplinada pelo Contran, alteração da capacidade psicomotora ou produção de quaisquer outras provas em direito admitidas. (Redação dada pela Lei n. 12.760, de 2012)
>
> § 3º Serão aplicadas as penalidades e medidas administrativas estabelecidas no art. 165-A deste Código ao condutor que se recusar a se submeter a qualquer dos procedimentos previstos no *caput* deste artigo. (Redação dada pela Lei n. 13.281, de 2016) (Brasil, 1997)

Após a análise do conteúdo dos arts. 276 e 277 do CTB, fica evidente que as infrações poderão ser caracterizadas mediante a observação do agente trânsito, que poderá utilizar-se de imagem e de vídeos para comprovar os sinais de embriaguez do condutor. Caso não seja possível realizar imagens ou vídeos, poderá ser comprovada a infração mediante constatação de alguns sinais presenciados pelo agente de trânsito. Esses sinais estão previstos no Anexo II da Resolução n. 432, de 23 de janeiro de 2013, do Conselho Nacional de Trânsito (Contran), conforme segue:

> VI. Sinais observados pelo agente fiscalizador:
>
> a. Quanto à aparência, se o condutor apresenta:
>
> i. Sonolência;
>
> ii. Olhos vermelhos;
>
> iii. Vômito;

iv. Soluços;

v. Desordem nas vestes;

vi. Odor de álcool no hálito.

b. Quanto à atitude, se o condutor apresenta:

i. Agressividade;

ii. Arrogância;

iii. Exaltação;

iv. Ironia;

v. Falante;

vi. Dispersão.

c. Quanto à orientação, se o condutor:

i. sabe onde está;

ii. sabe a data e a hora.

d. Quanto à memória, se o condutor:

i. sabe seu endereço;

ii. lembra dos atos cometidos;

e. Quanto à capacidade motora e verbal, se o condutor apresenta:

i. Dificuldade no equilíbrio;

ii. Fala alterada; [...]. (Contran, 2013a)

Mediante o reconhecimento de algumas situações descritas no dispositivo ora transcrito, estará configurada a infração prevista no art. 165 do CTB. No entanto, faz-se necessário o oferecimento do etilômetro ao condutor abordado que está sendo submetido à fiscalização. Caso este opte por realizar o teste de alcoolemia no etilômetro, qualquer concentração de álcool no sangue será considerada para caracterização da infração. Todavia, existe uma exceção, que é considerada a margem de erro. Se o etilômetro indicar de 0,01 até 0,04 de concentração de álcool por litro de sangue ou por litro de ar alveolar, não se considera infração, pois esse intervalo é tido como margem de erro. Contudo, a partir de 0,05, resta configurada a infração de trânsito.

4.7 Dirigir sem os cuidados indispensáveis

Essa infração pode ser tudo e, ao mesmo tempo, pode ser nada. Parece redundante, mas na sequência fará todo sentido. Observe o que dispõe o art. 169 do CTB:

> Art. 169. Dirigir sem atenção ou sem os cuidados indispensáveis à segurança:
>
> Infração – leve;
>
> Penalidade – multa. (Brasil, 1997)

O que seria essa falta de atenção ou ausência de cuidados indispensáveis? O condutor desatento, que não para diante da faixa ou placa de "PARE" ou, ainda, que arremessa garrafinha de água na via após consumir o produto. Essas duas condutas exemplificadas certamente poderiam estar inseridas nesse dispositivo legal, pois há um princípio geral aplicado no direito penal e, como analogia, também é empregado aqui: entre uma norma geral e uma específica, aplica-se a específica. No caso do condutor que avança a placa de "PARE", estamos diante da conduta do art. 208 do CTB: "Avançar o sinal vermelho do semáforo ou o de parada obrigatória" (Brasil, 1997). Agora, no caso do condutor que abandona objetos na via, estamos diante da conduta prevista no art. 172 do CTB: "Atirar do veículo ou abandonar na via objetos ou substâncias" (Brasil, 1997).

Logo, o art. 169 do CTB demonstra claramente a expressão "pode tudo, mas não pode nada". Pela redação, seria possível a inserção de várias condutas, contudo, esse dispositivo tem sua aplicabilidade residual, ou seja, aplica-se apenas nos casos em que não existe uma conduta específica prevista.

4.8 *Praticar corrida ou racha em via pública*

Uma das condutas mais perigosas que um condutor pode realizar é a prática da disputa automotiva em via pública, por vários motivos: integridade física das pessoas alheias ao duelo, vias não preparadas para esse tipo de evento, excesso de velocidade e consequente exposição potencial de risco excessiva, grande probabilidade de os envolvidos se acidentarem gravemente, entre outros. Vejamos o teor do art. 173 do CTB:

> Art. 173. Disputar corrida:
>
> Infração – gravíssima;
>
> Penalidade – multa (dez vezes), suspensão do direito de dirigir e apreensão do veículo;
>
> Medida administrativa – recolhimentoo do documento de habilitação e remoção do veículo.
>
> Parágrafo único. Aplica-se em dobro a multa prevista no caput em caso de reincidência no período de 12 (doze) meses da infração anterior. (Brasil, 1997)

Esse tipo de conduta, na grande maioria das vezes, é praticada por condutores jovens, que são seduzidos pela velocidade, e muitos deles não possuem CNH ou PPD. O jovem é atraído pela adrenalina de estar próximo do limite da máquina, isso somado ao fato de existir uma proibição pela legislação.

Esse comportamento, além da relevância administrativa, também pode trazer consequências criminais, tendo em vista a redação do art. 308 do CTB, que prevê crime para esse tipo de conduta. Embora o art. 308 exija a situação de risco, é inevitável tal fato, e essa conduta jamais existiria se não houvesse um risco à coletividade, pois é a essência do dispositivo.

4.9 Utilizar o veículo para demonstração de manobras

Tão perigosas quanto as disputas de corrida em via pública são as demonstrações de manobras. Os perigos são quase os mesmos expostos no item anterior, com ponto de origem na mesma base: um condutor imprudente dentro de um veículo inadequado e em um lugar não preparado. Sobre essa infração, assim prevê o art. 175 do CTB:

> Art. 175. Utilizar-se de veículo para demonstrar ou exibir manobra perigosa, mediante arrancada brusca, derrapagem ou frenagem com deslizamento ou arrastamento de pneus:
>
> Infração – gravíssima;
>
> Penalidade – multa (dez vezes), suspensão do direito de dirigir e apreensão do veículo;
>
> Medida administrativa – recolhimento do documento de habilitação e remoção do veículo.
>
> Parágrafo único. Aplica-se em dobro a multa prevista no caput em caso de reincidência no período de 12 (doze) meses da infração anterior. (Brasil, 1997)

Essa conduta também tem um crime relacionado: o do art. 308 do CTB, que, em seu enunciado jurídico, compreende as hipóteses previstas para o art. 175 do CTB.

4.10 *Deixar de prestar socorro à vítima*

Independentemente de culpa, espera-se de um ser humano um pouco de compaixão pelo outro. Deixar outro ser humano no local do acidente sangrando ou com fratura e, em muitos casos, correndo risco de morte, não é algo que se espera de uma pessoa racional. A maioria não permanece no local da ocorrência simplesmente para tentar fugir das responsabilidades criminais, cíveis e administrativas inerentes ao caso. Vejamos o que diz o CTB sobre essa questão:

> Art. 176. Deixar o condutor envolvido em acidente com vítima:
>
> I – de prestar ou providenciar socorro à vítima, podendo fazê-lo;
>
> II – de adotar providências, podendo fazê-lo, no sentido de evitar perigo para o trânsito no local;
>
> III – de preservar o local, de forma a facilitar os trabalhos da polícia e da perícia;
>
> IV – de adotar providências para remover o veículo do local, quando determinadas por policial ou agente da autoridade de trânsito;
>
> V – de identificar-se ao policial e de lhe prestar informações necessárias à confecção do boletim de ocorrência:
>
> Infração – gravíssima;

> Penalidade – multa (cinco vezes) e suspensão do direito de dirigir;
>
> Medida administrativa – recolhimentoo do documento de habilitação. (Brasil, 1997)

Estamos diante de uma infração de trânsito em que a conduta provoca uma reprovação na sociedade como um todo, pois, independentemente de quem é o "culpado" pelo acidente com vítima, não há nada mais desumano que uma pessoa ver a outra ferida e não fazer nada para ajudar. Pensar que alguém pode deixar um ser humano clamando por socorro e virar as costas, abandonando a pessoa com dor ou lutando para viver, pelo simples fato de se eximir de possíveis responsabilidades nas esferas criminal, civil e administrativa, não é concebível. Diante desse quadro, Araujo (2020b) descreve essa infração e suas correspondências com alguns crimes:

> Além da responsabilidade administrativa, algumas destas condutas possuem repercussão na esfera criminal:
>
> No caso da omissão de socorro, por exemplo, se o condutor for o responsável pelo homicídio ou pela lesão corporal, poderá ter sua pena aumentada de um terço à metade (artigo 302, parágrafo único, inciso III; e 303, parágrafo único, ambos do CTB); caso não responda pelo dano pessoal à vítima, caberá, subsidiariamente, apuração do crime específico de omissão, previsto no artigo 304, também do CTB.
>
> A conduta descrita no inciso III também pode caracterizar o crime de trânsito do artigo 312 (denominado fraude processual), se comprovado que a não preservação do local decorreu de ação dolosa com o objetivo de induzir a erro o policial, o perito ou o juiz.

A preservação do local de ocorrência de trânsito se torna obrigatória nos casos em que houver vítima, tendo em vista a necessidade de apuração do crime (contra a pessoa) ocorrido, sendo prerrogativa exclusiva da autoridade de polícia judiciária (Delegado de Polícia) a decisão de manter o local preservado, até a chegada da perícia, ou a liberação nas situações em que tal ato se fizer desnecessário (artigos 6º e 169 do Código de Processo Penal – Decreto-lei n. 3.689/41). Assim, o inciso IV somente se justifica, com base na Lei n. 5.970/73, que exclui as ocorrências de trânsito da aplicação destes dispositivos, em relação às vítimas e veículos que estiverem no leito da via pública e prejudicando o tráfego, autorizando a sua retirada pelo primeiro policial que tomar conhecimento.

A recusa de identificação ao policial também possui correspondente penal, caracterizando a contravenção do artigo 68 da Lei de Contravenções Penais (Decreto-lei n. 3.688/41).

Claro, existe a possibilidade de a outra parte envolvida no acidente não ter condições seguras para fazer o socorro, como nos casos de atropelamento próximo à comunidades carentes, onde, geralmente, a população local parte para a agressão física contra a pessoa que se envolveu no acidente. Muitas vezes, o atropelado deu causa ao acidente com vítima, mas seus familiares e amigos não entendem daquela forma no momento.

A justificativa que a outra parte envolvida no acidente pode alegar é que não tinha condições de segurança para permanecer no local e, portanto, evadiu-se, ou, ainda, que não tinha nenhum conhecimento sobre primeiros socorros. Ambas as justificativas, por isso sós, não explicam o fato. Se o condutor não permaneceu no local por questões de segurança, deveria ter ligado para a polícia ou para o serviço de resgate médico ou, ainda, ter se apresentado na Delegacia de Polícia mais próxima para expor os fatos.

O agente de trânsito que chega ao local da ocorrência e recebe a informação da vítima ou de populares de que a outra parte envolvida no acidente fugiu do local e pode estar em determinada localidade deve considerar essa informação, mas sempre analisá-la com restrições, pois a parte que reclama tem seu interesse direto no caso.

O policial que fizer o levantamento do acidente com vítima deverá, tão logo termine os procedimentos inerentes ao caso, restabelecer, se possível, a normalidade na via e, para isso, poderá determinar que o veículo envolvido no acidente seja removido para um espaço que não atrapalhe o fluxo.

O agente de trânsito que estiver realizando o levantamento do local do acidente deverá buscar todas informações possíveis para elucidar o caso. Como diz um ditado popular: "O policial que atende a ocorrência é o primeiro juiz do caso". Ressalvadas as devidas proporções, são as informações citadas pelo policial no local do acidente que servirão de base para os demais procedimentos na esfera judicial. O policial deverá buscar todas as testemunhas que presenciaram o acidente de trânsito e, se possível, proporcionar que elas relatem em documento próprio o que viram. Logo após o acidente, as pessoas estão com todos os detalhes do fato presentes na "cabeça", e essa riqueza de informações colhidas no local do acidente auxiliarão, e muito, o juiz na hora da sentença.

Um conjunto forte e coeso de provas colhidas no local do acidente de trânsito com vítima deixa aquele que irá emitir uma sentença judicial cada vez mais próximo da verdade real. Muitas vezes, o magistrado que profere uma sentença supostamente injusta tem sua motivação na ausência de provas coletadas no local do fato. Não existe garantia de que um magistrado não possa errar no momento da sentença, mas, se ele dispuser, no processo judicial, de um conjunto de provas robustas, possivelmente decidirá de maneira justa e adequada.

4.11 Ultrapassagem "pelo corredor"

No contexto da mobilidade urbana, em que tudo é urgente, acrescido do alto custo do combustível no país, o serviço de motofrete, utilizado para entregas de mercadorias e alimentos, cresce a cada dia. A maioria das condutas de andar no corredor é praticada por condutores de motocicletas utilizadas para entrega, em razão da necessidade de rapidez na execução desses serviços e porque se trata, em regra, de veículos menores, o que possibilita tal comportamento.

Figura 4.1 – Trânsito urbano com motociclistas usando o corredor

Esse tipo de infração está previsto no art. 192 do CTB:

> Art. 192. Deixar de guardar distância de segurança lateral e frontal entre o seu veículo e os demais, bem como em relação ao bordo da pista, considerando-se, no momento, a velocidade, as condições climáticas do local da circulação e do veículo: […]. (Brasil, 1997)

Esse tipo de conduta é muito comum e pode ou não caracterizar uma infração de trânsito, no caso, andar pelo corredor. O atual CTB trazia, em sua redação original, o art. 56 com a seguinte redação: "É proibida ao condutor de motocicletas, motonetas e ciclomotores a passagem entre veículos de filas adjacentes ou entre a calçada e veículos de fila adjacente a ela" (Brasil, 1997). Contudo, esse artigo foi vetado, provavelmente por razões de políticas públicas da época. Então, com o veto ao art. 56 do CTB, significa que é possível andar no corredor? A resposta ainda é: depende. O art. 192 tem um correspondente nas normas gerais de circulação, o art. 29, inciso II, do mesmo CTB:

> Art. 29. O trânsito de veículos nas vias terrestres abertas à circulação obedecerá às seguintes normas:
>
> [...]
>
> II – o condutor deverá guardar distância de segurança lateral e frontal entre o seu e os demais veículos, bem como em relação ao bordo da pista, considerando-se, no momento, a velocidade e as condições do local, da circulação, do veículo e as condições climáticas; [...].
> (Brasil, 1997)

Como norma geral de circulação, esse último dispositivo não traz nenhuma punição aos condutores, apenas estabelece parâmetros. Sobre essa questão, Ordeli Savedra Gomes (2011, p. 43) afirma o seguinte:

> A distância de segurança lateral e frontal do seu veículo com os demais, a legislação não fixa. Exceção aos casos das bicicletas, nas quais os condutores de veículos deverão guardar a distância lateral mínima de um metro e meio ao passar ou ultrapassar bicicletas, nos termos do

art. 201 deste Código. Eis mais um motivo para termos na formação dos condutores, ou quando da renovação da Carteira Nacional de Habilitação, o curso de direção defensiva. Sem afundar o comentário acerca dos conceitos de direção defensiva, a regra mais ensinada é a dos dois segundos, como espaço de tempo entre o meu veículo e o que vai a minha frente. Claro que se o seu veículo for de maior porte, divida os metros do comprimento total por três e terá os segundos a manter do veículo da frente. Espere tal veículo passar por um objeto fixo, como placa, marco quilométrico, árvore etc. e conte os segundos (mil e um, mil e dois) para ver se está mantendo a distância segura ou não. Se, ao terminar de contar, já tiver passado pelo ponto de referência, a distância segura não é segura para uma parada emergencial e, possivelmente, se o veículo da frente tiver de frear bruscamente, você não terá tempo necessário para reagir e para seu veículo. Pense nisso. A falta desta distância de segurança frontal é a causa de inúmeros acidentes e, muitos, com mortes de pessoas.

O autor faz menção à distância, bem como a dicas de direção defensiva. Contudo, para caracterização da infração "andar pelo corredor", com base no art. 192 do CTB, o agente que lavrar o auto de infração de trânsito (AIT) deverá acrescentar no campo de observação que o motociclista X passou muito próximo a um veículo, dificultando as ações do condutor de veículo maior, por exemplo. Como já comentado, a descrição específica e detalhada da conduta é necessária para a caracterização da infração de trânsito. O agente de trânsito que não descrever com detalhes tal conduta poderá ter seu serviço perdido, uma vez que isso facilitará a anulação de seu AIT.

4.12 Alteração de sinal identificador

Essa infração destaca quatro condutas diretas e qualquer outra que venha a caracterizá-la. A alteração de sinal identificador de veículo automotor está prevista no art. 230, inciso I, do CTB:

> Art. 230. Conduzir o veículo:
>
> I – com o lacre, a inscrição do chassi, o selo, a placa ou qualquer outro elemento de identificação do veículo violado ou falsificado; [...]. (Brasil, 1997)

A redação traz quatro elementos identificadores do veículo, e ainda podem existir mais dois que auxiliam na identificação, são eles: o número do motor e a numeração da caixa de câmbio. O lacre violado geralmente ocorre com seu rompimento, sendo substituído de maneira indevida ou simplesmente cortado o arame com um alicate. A inscrição do chassi não é algo tão simples de ser falsificado, tendo em vista o local onde, via de regra, essa numeração fica gravada, somado à necessidade de ferramentas adequadas para realizar essa falsificação.

O selo que a legislação menciona é aquele emitido por órgão credenciado ao Instituto Nacional de Metrologia, Qualidade e Tecnologia (Inmetro) após o veículo ter passado por alguma inspeção veicular. Podemos citar como exemplo, nesse caso, o certificado de inspeção anual dos veículos que têm gás natural veicular (GNV) instalado; já a placa de identificação veicular pode ser alterada por tinta preta ou fita isolante. São maneiras simples de violação, além de serem utilizados caracteres que facilitam essa situação – por exemplo, o numeral "3", que, com tinta preta preenchida no caractere, passa a ser facilmente confundido com o numeral "8". Outra forma de alteração na placa é pelo apagamento de parte do caractere, a fim de que quem a visualiza de certa distância entenda que é outra letra ou número.

O Código Penal – Decreto-Lei n. 2.848, de 7 de dezembro de 1940 –, em consonância com o art. 230, inciso I, do CTB, traz, em art. 311, a seguinte redação:

> Art. 311. Adulterar ou remarcar número de chassi ou qualquer sinal identificador de veículo automotor, de seu componente ou equipamento:
>
> Pena – reclusão, de três a seis anos, e multa.
>
> § 1º Se o agente comete o crime no exercício da função pública ou em razão dela, a pena é aumentada de um terço.
>
> § 2º Incorre nas mesmas penas o funcionário público que contribui para o licenciamento ou registro do veículo remarcado ou adulterado, fornecendo indevidamente material ou informação oficial. (Brasil, 1940)

Segundo Capez e Prado (2012, p. 779), essa conduta se caracteriza pelo "dolo, consubstanciado na vontade livre e consciente de praticar uma das ações típicas. [...] Consuma-se com a efetiva adulteração ou remarcação do número de chassi ou qualquer sinal identificador de veículo automotor, de seu componente ou equipamento". Diante dessa explicação, podemos inferir que o sujeito, para ser inserido na prática do crime previsto no art. 311 do Código Penal, deve estar praticando essa adulteração ou remarcação ou, ainda, deve existir um nexo causal do condutor abordado com estas.

4.13 Transporte de passageiro no compartimento de carga

A infração prevista no art. 230, inciso II, do CTB assim descreve a conduta: "II – transportando passageiros em compartimento de carga, salvo por motivo de força maior, com permissão da autoridade competente e na forma estabelecida pelo CONTRAN" (Brasil, 1997).

Embora a regra seja pela impossibilidade desse tipo de transporte, a Resolução Contran n. 508, de 27 de novembro de 2014, em seus arts. 1º a 3º, estabelece em quais casos poderá ser utilizado o transporte de passageiros no compartimento de carga, a título de exceção:

> Art. 1º A autoridade com circunscrição sobre a via poderá autorizar, eventualmente e a título precário, a circulação de veículo de carga ou misto transportando passageiros no compartimento de cargas, desde que sejam cumpridos os requisitos estabelecidos nesta Resolução.
>
> § 1º A autorização será expedida pelo órgão com circunscrição sobre a via não podendo ultrapassar o prazo previsto no parágrafo único do Art. 108 do CTB.
>
> § 2º Em trajeto que utilize mais de uma via com autoridades de trânsito com circunscrição diversa, a autorização deve ser concedida por cada uma das autoridades para o respectivo trecho a ser utilizado.
>
> Art. 2º A circulação de que trata o artigo 1º só poderá ser autorizada entre localidades de origem e destino que estiverem situadas em um mesmo município ou entre municípios limítrofes, quando não houver linha regular de ônibus.

Art. 3º Os veículos a serem utilizados no transporte de que trata esta Resolução devem ser adaptados, no mínimo, com:

I – bancos, na quantidade suficiente para todos os passageiros, revestidos de espuma, com encosto e cinto de segurança, fixados na estrutura da carroceria;

II – carroceria com cobertura, barra de apoio para as mãos, proteção lateral rígida, com dois metros e dez centímetros de altura livre, de material de boa qualidade e resistência estrutural, que evite o esmagamento e a projeção de pessoas em caso de acidente com o veículo;

III – escada para acesso, com corrimão;

IV – cabine e carroceria com ventilação, garantida a comunicação entre motorista e passageiros;

V – compartimento resistente e fixo para a guarda das ferramentas e materiais, separado dos passageiros, no caso de transporte de trabalhadores;

VI – sinalização luminosa, na forma do inciso VIII do artigo 29 do CTB e da Resolução n. 268, de 15 de fevereiro de 2008, no caso de transporte de pessoas vinculadas à prestação de serviço em obras na via.

Parágrafo único. Os veículos referidos neste artigo só poderão ser utilizados após expedição do Certificado de Segurança Veicular-CSV, expedido por Instituição Técnica Licenciada-ITL, e vistoria da autoridade competente para conceder a autorização de trânsito. (Brasil, 2014b)

O art. 5º da mesma resolução traz outras proibições, como: não pode ser transportado menor de 10 anos de idade; ninguém poderá permanecer em pé durante o deslocamento; não é permitido existir carga junto com passageiros; e não poderá ser utilizado, para esse tipo de transporte, caminhão de boiadeiro e combinações (Brasil, 2014b).

4.14 Dispositivo antirradar

A proibição mencionada no art. 230, inciso III, do CTB traz a ideia daqueles equipamentos que poderiam alterar a frequência dos radares, provocando alteração no funcionamento do equipamento. O legislador com certeza não poderia imaginar, em 1997, que, em 2020, teríamos aparelhos de telefonia celular que disponibilizariam mapas, tampouco que esses mapas trariam a localização dos radares fixos e de alguns móveis. Não havia como pensar nessa hipótese há 23 anos. Logo, é difícil que hoje existam aparelhos que ensejem a caracterização da conduta prevista nesse dispositivo do CTB.

4.15 Veículo sem qualquer uma das placas de identificação

O art. 230, inciso IV, do CTB prevê a situação de o veículo estar trafegando em via pública sem uma das placas de identificação. Isso não é tão comum, tendo em vista que as maiores incidências ocorrem após enchentes, em razão de a placa ter sido levada pela água. Outra situação bem comum ocorre quando os veículos saem do serviço de lataria e pintura, e o responsável pelo serviço esquece de inserir novamente a placa após o encerramento do reparo.

4.16 Veículo não registrado

No art. 230, inciso V, do CTB, primeira parte, faz menção aos veículos não registrados. Eles têm nota fiscal, documento ao alfandegário ou documento similar, contudo não comunicam à autoridade de trânsito de sua cidade a respeito de sua "existência". Para o Estado, é como se esses veículos não existissem. O prazo para ser comunicado à autoridade de trânsito da cidade é de 15 dias, segundo o art. 4º da Resolução Contran n. 554, de 17 de setembro de 2015:

> I – do pátio da fábrica, da indústria encarroçadora ou concessionária e do Posto Alfandegário, ao órgão de trânsito do município de destino, nos quinze dias consecutivos à data do carimbo de saída do veículo, constante da nota fiscal ou documento alfandegário correspondente;
>
> II – do pátio da fábrica, da indústria encarroçadora ou concessionária, ao local onde vai ser embarcado como carga, por qualquer meio de transporte;
>
> III – do local de descarga às concessionárias ou indústrias encarroçadora;
>
> IV – de um a outro estabelecimento da mesma montadora, encarroçadora ou concessionária ou pessoa jurídica interligada.
>
> § 1º No caso de veículo novo comprado diretamente pelo comprador por meio eletrônico, o prazo de que trata o inciso I será contado a partir da data de efetiva entrega do veículo ao proprietário.
>
> § 2º No caso do veículo novo doado por órgãos ou entidades governamentais, o município de destino de que trata o inciso I será o constante no instrumento de doação, cuja cópia deverá acompanhar o veículo durante o trajeto.

§ 3º Equiparam-se às indústrias encarroçadoras as empresas responsáveis pela instalação de equipamentos destinados a transformação de veículos em ambulâncias, veículos policiais e demais veículos de emergência.

§ 4º No caso do § 3º deverá ser aposto carimbo no verso da nota fiscal de compra, com a data da saída do veículo, pela empresa responsável pela adaptação ou transformação.

§ 5º No caso dos Estados da Região Norte do País, o prazo de que trata o inciso I será de 30 (trinta) dias consecutivos.

§ 6º Para os veículos recém-produzidos, beneficiados por regime tributário especial e para os quais ainda não foram emitidas as notas fiscais de faturamento, fica permitido o transporte somente do pátio interno das montadoras e fabricantes para os pátios externos das montadoras e fabricantes ou das empresas responsáveis pelo transporte dos veículos, em um raio máximo de 10 (dez) quilômetros, desacompanhados de nota fiscal, desde que acompanhados da relação de produção onde conste a numeração do chassi. (Contran, 2015a)

Esse artigo da resolução descreve as várias circunstâncias envolvendo veículos novos que necessitam de registro perante a autoridade de trânsito. A regra geral que o agente de trânsito deve observar talvez seja a seguinte: 15 dias a partir do momento que o proprietário recebeu o veículo do fabricante ou produtor. No caso de concessionária automotiva no Brasil, pode ser verificada a data do carimbo de saída na nota fiscal e, nos demais casos, práticas similares poderão ser adotadas na mesma linha de raciocínio.

4.17 Veículo não licenciado

O art. 230, inciso V, segunda parte, do CTB prevê a infração dos veículos não licenciados. Cabe aqui ressaltar uma hipótese considerável, mas que pode confundir várias pessoas. Não estamos falando apenas da taxa de licenciamento, mas sim do quarteto: seguro obrigatório + IPVA + taxa de licenciamento + eventuais multas obrigatórias. Se esse quarteto está quitado, o veículo é licenciado. Contudo, existem datas para a cobrança de licenciamento, motivadas pelo último número dos caracteres da placa. Vejamos o que disciplina a Resolução Contran n. 110, de 24 de fevereiro de 2000:

> Art. 1º Os órgãos executivos de trânsito dos Estados e do Distrito Federal estabelecerão prazos para renovação do Licenciamento Anual dos Veículos registrados sob sua circunscrição, de acordo com o algarismo final da placa de identificação, respeitados os limites fixados na tabela a seguir:
>
> | Algarismo final da placa | Prazo final para renovação |
> | --- | --- |
> | 1 e 2 | Até setembro |
> | 3, 4 e 5 | Até outubro |
> | 6, 7 e 8 | Até novembro |
> | 9 e 0 | Até dezembro |
>
> Art. 2º As autoridades, órgãos, instituições e agentes de fiscalização de trânsito e rodoviário em todo o território nacional, para efeito de autuação e aplicação de penalidades, quando o veículo se encontrar fora da unidade da federação em que estiver registrado, deverão adotar os prazos estabelecidos nesta Resolução. (Contran, 2000)

Esses dois dispositivos estabelecem o prazo máximo para que os condutores regularizem suas pendências com a autoridade de trânsito onde os veículos são registrados.

Para os veículos novos, tão logo sejam registrados na autoridade de trânsito da cidade onde reside o proprietário ou na sede da pessoa jurídica, a autoridade de trânsito emitirá uma guia de pagamento ao novo proprietário, com taxas e impostos que deverão ser pagos proporcionalmente à época do ano do registro do veículo. Nesse caso, o prazo do proprietário não será o estabelecido na Resolução n. 110/2000, mas sim a data de vencimento emitida pela autoridade de trânsito.

No caso do art. 230, inciso V, do CTB, se o proprietário, no momento da abordagem, pagar as pendências com a autoridade de trânsito por meio de *smartphone*, ainda assim o veículo deverá ser encaminhado para o pátio da autoridade de trânsito.

4.18 *Placa sem legibilidade e visibilidade*

O art. 230, inciso VI, do CTB trata dos casos em que não é possível a visualização correta da placa do veículo. Essa impossibilidade pode ocorrer por vários motivos: letras apagadas (desgaste ou efetivamente apagadas por alguém); placa encoberta por tecido ou lona; placa com engate na frente, impedindo a visualização de caracteres; sujeira proveniente, em alguns casos, de ação do condutor ou proprietário (barro sobre parte da placa em situação em que o veículo não estava saindo de área rural); inclinação da placa de motos; entre outros.

Figura 4.2 – Placa sem condições de identificação

O caso apresentado na Figura 4.3, a seguir, é bem comum nas grandes cidades: veículos que estão à venda em lojas ou que são utilizados para *test drive* saem da loja com a placa publicitária encobrindo a placa original, hipótese que também configura a infração prevista no art. 230, inciso VI, do CTB.

Figura 4.3 – Placa de identificação veicular encoberta

A mesma situação ocorre com placas sem condições de legibilidade e visibilidade, infração prevista no art. 230, inciso VI, do CTB. Assim, mesmo se o condutor pintar a placa que estava apagada, tirar o engate que estava obstruindo a visão da placa, retirar a placa que estava por cima no caso de publicidade, ou deixar na posição correta a placa de moto que havia sido inclinada, em todos os casos o veículo será removido.

> Para todos os casos apontados neste capítulo até o momento há a obrigatoriedade de remoção ao pátio da autoridade de trânsito ou espaço destinado pela instituição a que o agente de trânsito pertence. Contudo, para as infrações previstas no art. 270, inciso VII, do CTB, é possível a liberação do veículo, desde que a alteração flagrada não comprometa os usuários da via.

4.19 Veículo com cor alterada

O art. 230, inciso VII, primeira parte, do CTB – "**com a cor** ou característica alterada" (Brasil, 1997, grifo nosso) – traz a infração por alteração na pintura do veículo. O art. 14 da Resolução Contran n. 292, de 29 de agosto de 2008, estabelece: "Serão consideradas alterações de cor aquelas realizadas através de pintura ou adesivamento em área superior a 50% do veículo, excluídas as áreas envidraçadas. Parágrafo único: será atribuída a cor fantasia quando for impossível distinguir uma cor predominante no veículo" (Contran, 2008).

Figura 4.4 – Carro com pintura cor fantasia

zoulgrpc_wrap/Shutterstock

Conforme a resolução citada, veículos que não tiverem 50% de sua cor original, descrita no Certificado de Registro e Licenciamento de Veículo (CRLV), inserem-se na infração do art. 230, inciso VII, do CTB. Esse tipo de situação ocorre com frequência com carros de empresas que, por questões de *marketing* e propaganda, são pintados ou adesivados, alterando sua pintura original. Essa alteração pode ocorrer, desde que o veículo passe para a cor fantasia; para tanto, deverá haver inspeção veicular e, após isso, comunicação à autoridade de trânsito onde o veículo está registrado.

4.20 Veículo com característica alterada

O art. 230, inciso VII, segunda parte, do CTB – "com a cor ou **característica** alterada" (Brasil, 1997, grifo nosso) – trata dos veículos com características alteradas, com base nas especificações que o veículo sai de fábrica. O exemplo mais comum de veículo com a característica alterada é o veículo "rebaixado" (com suspensão modificada ou parte das molas cortadas), caso em que os proprietários colocam mola esportiva ou cortam algumas voltas da mola.

O veículo pode ser rebaixado e regularizado? Pode, desde que passe pela inspeção veicular de alguma empresa homologada pelo Inmetro para esse tipo de atividade. A Resolução Contran n. 479, de 20 de março de 2014, prevê o modo como isso pode acontecer:

> Art. 1º Esta Resolução altera o art. 6º da Resolução CONTRAN n. 292, de 09 de agosto de 2008, que passa a ter a seguinte redação:
>
> "Art. 6ºOs veículos de passageiros e de cargas, exceto veículos de duas ou três rodas e quadriciclos, usados, que sofrerem alterações no sistema de suspensão, ficam obrigados a atender aos limites e exigências previstos nesta Resolução, cabendo a cada entidade executora das modificações e ao proprietário do veículo a responsabilidade pelo atendimento às exigências em vigor.
>
> § 1º Nos veículos com PBT até 3500 kg:
>
> I – o sistema de suspensão poderá ser fixo ou regulável.
>
> II – A altura mínima permitida para circulação deve ser maior ou igual a 100 mm, medidos verticalmente do solo ao ponto mais baixo da carroceria ou chassi, conforme anexo I.
>
> III – O conjunto de rodas e pneus não poderá tocar em parte alguma do veículo quando submetido ao teste de esterçamento.
>
> § 2º Nos veículos com PBT acima de 3.500 kg:
>
> I – em qualquer condição de operação, o nivelamento da longarina não deve ultrapassar dois graus a partir de uma linha horizontal.
>
> II – A verificação do cumprimento do disposto no inciso I será feita conforme o Anexo I.

> III – As dimensões de intercambiabilidade entre o caminhão trator e o rebocado devem respeitar a norma NBR NM – ISO 1726.
>
> IV – É vedada a alteração na suspensão dianteira, exceto para instalação do sistema de tração e para incluir ou excluir eixo auxiliar, direcional ou auto direcional.
>
> § 3º Os veículos que tiverem sua suspensão modificada, em qualquer condição de uso, deverão inserir no campo das observações do Certificado de Registro de Veículo – CRV e do Certificado de Registro e Licenciamento de Veículo – CRLV a altura livre do solo."
>
> Art. 2º Esta Resolução entra em vigor na data de sua publicação. (Contran, 2014a)

As principais alterações de características dos veículos estão previstas na Resolução Contran n. 292/2008 e posteriores atualizações. Muitas características originais podem ser alteradas, mas é necessário passar por inspeção veicular e deve ser emitido o Certificado de Segurança Veicular (CSV). Na maioria dos casos, o veículo que teve suas características alteradas e recebeu o CSV poderá passar, periodicamente, por nova inspeção, e isso varia de acordo com cada caso de alteração.

4.21 Veículo que necessita de inspeção veicular

O art. 230, inciso VIII, do CTB dispõe sobre o veículo em circulação "sem ter sido submetido à inspeção de segurança veicular, quando obrigatória" (Brasil, 1997). Contudo, o art. 104 do CTB sofreu alterações pela Lei n. 13.281/2016, que incluiu os parágrafos 6º e 7º a esse dispositivo do CTB, os quais estabelecem o seguinte:

> § 6º Estarão isentos da inspeção de que trata o *caput*, durante 3 (três) anos a partir do primeiro licenciamento, os veículos novos classificados na categoria particular, com capacidade para até 7 (sete) passageiros, desde que mantenham suas características originais de fábrica e não se envolvam em acidente de trânsito com danos de média ou grande monta.
>
> § 7º Para os demais veículos novos, o período de que trata o § 6º será de 2 (dois) anos, desde que mantenham suas características originais de fábrica e não se envolvam em acidente de trânsito com danos de média ou grande monta. (Brasil, 1997)

Depois do advento dessa lei de 2016, existe a previsão de até os veículos novos passarem por inspeção. Contudo, esse processo ainda necessita de algumas regulamentações.

Um exemplo claro da situação de ausência de inspeção veicular, quando necessária, é o caso dos veículos que utilizam GNV. Os veículos que têm GNV devem passar por inspeção de segurança anual e, se esta não for realizada, possivelmente será registrado um "bloqueio administrativo" pela autoridade de trânsito para o veículo que não apresentou o CSV vigente.

4.22 Veículo sem equipamento obrigatório, ineficiente ou inoperante

A infração prevista no art. 230, inciso IX, do CTB – "sem equipamento obrigatório ou estando este ineficiente ou inoperante" (Brasil, 1997) – está relacionada aos casos de equipamento obrigatório, tanto em razão de ausência quanto de ineficiência. A primeira consideração que o agente de trânsito deve fazer é saber claramente quais são os equipamentos obrigatórios. O art. 105 do CTB assim disciplina:

> Art. 105. São equipamentos obrigatórios dos veículos, entre outros a serem estabelecidos pelo CONTRAN:
>
> I – cinto de segurança, conforme regulamentação específica do CONTRAN, com exceção dos veículos destinados ao transporte de passageiros em percursos em que seja permitido viajar em pé;
>
> II – para os veículos de transporte e de condução escolar, os de transporte de passageiros com mais de dez lugares e os de carga com peso bruto total superior a quatro mil, quinhentos e trinta e seis quilogramas, equipamento registrador instantâneo inalterável de velocidade e tempo;
>
> III – encosto de cabeça, para todos os tipos de veículos automotores, segundo normas estabelecidas pelo CONTRAN;
>
> IV – (VETADO)
>
> V – dispositivo destinado ao controle de emissão de gases poluentes e de ruído, segundo normas estabelecidas pelo CONTRAN.
>
> VI – para as bicicletas, a campainha, sinalização noturna dianteira, traseira, lateral e nos pedais, e espelho retrovisor do lado esquerdo.
>
> VII – equipamento suplementar de retenção – *air bag* frontal para o condutor e o passageiro do banco dianteiro. (Brasil, 1997)

Contudo, o *caput* do art. 105 informa que o Contran irá definir outros equipamentos obrigatórios, e isso acontece com o rol exaustivo do art. 1º da Resolução Contran n. 14, de 6 de fevereiro de 1998:

> Art. 1º. Para circular em vias públicas, os veículos deverão estar dotados dos equipamentos obrigatórios relacionados abaixo, a serem constados pela fiscalização e em condições de funcionamento:
>
> I – nos veículos automotores e ônibus elétricos:
>
> 1) para-choques, dianteiro e traseiro;
>
> 2) protetores das rodas traseiras dos caminhões;
>
> 3) espelhos retrovisores, interno e externo;
>
> 4) limpador de para-brisa;
>
> 5) lavador de para-brisa;
>
> 6) pala interna de proteção contra o sol (para-sol) para o condutor;
>
> 7) faróis principais dianteiros de cor branca ou amarela;
>
> 8) luzes de posição dianteiras (faroletes) de cor branca ou amarela;
>
> 9) lanternas de posição traseiras de cor vermelha;
>
> 10) lanternas de freio de cor vermelha;
>
> 11) lanternas indicadoras de direção dianteiras de cor âmbar e traseiras de cor âmbar ou vermelha;
>
> 12) lanterna de marcha à ré, de cor branca;
>
> 13) retrorrefletores (catadióptrico) traseiros, de cor vermelha;
>
> 14) lanterna de iluminação da placa traseira, de cor branca;
>
> 15) velocímetro;

16) buzina;

17) freios de estacionamento e de serviço, com comandos independentes;

18) pneus que ofereçam condições mínimas de segurança;

19) dispositivo de sinalização luminosa ou refletora de emergência, independente do sistema de iluminação do veículo;

20) extintor de incêndio; (Revogado pela Resolução CONTRAN N. 556 DE 17/09/2015)

21) registrador instantâneo e inalterável de velocidade e tempo, nos veículos de transporte e condução de escolares, nos de transporte de passageiros com mais de dez lugares e nos de carga com capacidade máxima de tração superior a 19t;

22) cinto de segurança para todos os ocupantes do veículo;

23) dispositivo destinado ao controle de ruído do motor, naqueles dotados de motor à combustão;

24) roda sobressalente, compreendendo o aro e o pneu, com ou sem câmara de ar, conforme o caso;

25) macaco, compatível com o peso e carga do veículo;

26) chave de roda;

27) chave de fenda ou outra ferramenta apropriada para a remoção de calotas;

28) lanternas delimitadoras e lanternas laterais nos veículos de carga, quando suas dimensões assim o exigirem;

29) cinto de segurança para a árvore de transmissão em veículos de transporte coletivo e carga;

II – para os reboques e semirreboques:

1) para-choque traseiro;

2) protetores das rodas traseiras;

3) lanternas de posição traseiras, de cor vermelha;

4) freios de estacionamento e de serviço, com comandos independentes, para veículos com capacidade superior a 750 quilogramas e produzidos a partir de 1997;

5) lanternas de freio, de cor vermelha;

6) iluminação de placa traseira;

7) lanternas indicadoras de direção traseiras, de cor âmbar ou vermelha;

8) pneus que ofereçam condições mínimas de segurança;

9) lanternas delimitadoras e lanternas laterais, quando suas dimensões assim o exigirem.

III – para os ciclomotores:

1) espelhos retrovisores, de ambos os lados;

2) farol dianteiro, de cor branca ou amarela;

3) lanterna, de cor vermelha, na parte traseira;

4) velocímetro;

5) buzina;

6) pneus que ofereçam condições mínimas de segurança;

7) dispositivo destinado ao controle de ruído do motor.

IV – para as motonetas, motocicletas e triciclos:

1) espelhos retrovisores, de ambos os lados;

2) farol dianteiro, de cor branca ou amarela;

3) lanterna, de cor vermelha, na parte traseira;

4) lanterna de freio, de cor vermelha;

5) iluminação da placa traseira;

6) indicadores luminosos de mudança de direção dianteiro e traseiro;

7) velocímetro;

8) buzina;

9) pneus que ofereçam condições mínimas de segurança;

10) dispositivo destinado ao controle de ruído do motor, dimensionado para manter a temperatura de sua superfície externa em nível térmico adequado ao uso seguro do veículo pelos ocupantes sob condições normais de utilização e com uso de vestimentas e acessórios indicados no manual do usuário fornecido pelo fabricante, devendo ser complementado por redutores de temperatura nos pontos críticos de calor, a critério do fabricante, conforme exemplificado no Anexo desta Resolução. (Redação dada ao item pela Resolução CONTRAN n. 228, de 02.03.2007)

V – para os quadriciclos:

1) espelhos retrovisores, de ambos os lados;

2) farol dianteiro, de cor branca ou amarela;

3) lanterna, de cor vermelha na parte traseira;

4) lanterna de freio, de cor vermelha;

5) indicadores luminosos de mudança de direção, dianteiros e traseiros;

6) iluminação da placa traseira;

7) velocímetro;

8) buzina;

9) pneus que ofereçam condições mínimas de segurança;

10) dispositivo destinado ao controle de ruído do motor;

11) protetor das rodas traseiras.

VI – nos tratores de rodas, de esteiras e mistos: (Redação do inciso dada pela Resolução CONTRAN N. 454 DE 26/09/2013):

1) faróis dianteiros, de luz branca ou amarela;

2) lanternas de posição traseiras, de cor vermelha;

3) lanternas de freio, de cor vermelha;

4) lanterna de marcha à ré, de cor branca;

5) alerta sonoro de marcha à ré;

6) indicadores luminosos de mudança de direção, dianteiros e traseiros;

7) iluminação de placa traseira;

8) faixas retrorrefletivas;

9) pneus que ofereçam condições mínimas de segurança (exceto os tratores de esteiras);

10) dispositivo destinado ao controle de ruído do motor;

11) espelhos retrovisores;

12) cinto de segurança para todos os ocupantes do veículo;

13) buzina;

14) velocímetro e registrador instantâneo e inalterável de velocidade e tempo para veículos que desenvolvam velocidade acima de 60 km/h;

15) pisca alerta.

VII – nos tratores de esteiras: (Revogado pela Resolução CONTRAN N. 454 DE 26/09/2013, e pela Deliberação CONTRAN N. 137 DE 07/06/2013)

1) faróis dianteiros, de luz branca ou amarela; (Revogado pela Resolução CONTRAN N. 454 DE 26/09/2013, e pela Deliberação CONTRAN N. 137 DE 07/06/2013)

2) lanternas de posição traseiras, de cor vermelha; (Revogado pela Resolução CONTRAN N. 454 DE 26/09/2013, e pela Deliberação CONTRAN N. 137 DE 07/06/2013)

3) lanternas de freio, de cor vermelha; (Revogado pela Resolução CONTRAN N. 454 DE 26/09/2013, e pela Deliberação CONTRAN N. 137 DE 07/06/2013)

4) indicadores luminosos de mudança de direção, dianteiros e traseiros; (Revogado pela Resolução CONTRAN N. 454 DE 26/09/2013, e pela Deliberação CONTRAN N. 137 DE 07/06/2013)

5) dispositivo destinado ao controle de ruído do motor. (Revogado pela Resolução CONTRAN N. 454 DE 26/09/2013, e pela Deliberação CONTRAN N. 137 DE 07/06/2013)

Parágrafo único. Quando a visibilidade interna não permitir, utilizar-se-ão os espelhos retrovisores laterais. (Contran, 1998)

É importante o agente da autoridade de trânsito saber quais equipamentos se enquadram como obrigatórios e, quando fizer a notificação prevista nesse artigo, mencionar, no campo da observação, qual é o equipamento obrigatório e qual é seu defeito ou sua ausência.

O art. 230, inciso X, do CTB prevê as infrações para os equipamentos obrigatórios em desacordo com aquilo que o Contran estabelece, sendo necessário descrever no próprio AIT, no campo da observação, o tipo de equipamento que está em desacordo. Provavelmente haverá alguma resolução do Contran que estabeleça tal padrão; se não houver essa resolução, será sempre o modelo que vem de fábrica.

Julyer Modesto de Araujo (2020c, grifo do original) faz importantes considerações a respeito do art. 230, inciso X, do CTB, completando o entendimento sobre a matéria:

> Equipamento obrigatório em desacordo com o estabelecido pelo CONTRAN: para a configuração desta infração, são necessários dois quesitos: 1º) que a obrigatoriedade do equipamento veicular conste da legislação de trânsito; 2º) que o proprietário do veículo esteja com o equipamento de forma diferente ao previsto (por exemplo, o porte de extintor de incêndio em capacidades diversas das previstas na Resolução do CONTRAN n. 157/04). Apesar destas duas condições, para configuração da infração deste inciso, o CONTRAN posicionou-se no sentido de que também configura esta infração a inexistência de selo reflexivo e/ou certificação do INMETRO nos capacetes de segurança fabricados a partir de agosto de 2007 (artigo 4º, parágrafo único, da Resolução n. 203/06, com alteração da Resolução n. 257/07) – a curiosidade se dá pelo fato de que capacete de segurança **não** é equipamento obrigatório do veículo, mas equipamento de proteção individual dos ocupantes de motocicletas, motonetas e ciclomotores (artigos 54 e 55 do CTB).

É importante ressaltar que esse tipo de conduta não configura crime de trânsito, apenas infração administrativa. Outro fator relevante é a responsabilização da conduta: o responsável é o proprietário. O legislador entendeu que a infração é do veículo, e não de seu condutor, consequentemente, o proprietário é quem responde.

4.23 Veículo com descarga livre ou silenciador de motor de explosão defeituoso, deficiente ou inoperante

O art. 230, inciso XI, do CTB – "com descarga livre ou silenciador de motor de explosão defeituoso, deficiente ou inoperante" (Brasil, 1997) – contempla as situações em que existe descarga livre ou silenciador de motor defeituoso, deficiente ou inoperante, as quais são possíveis de ser constatadas em todo tipo de veículo, com maior facilidade em motocicletas, pois o sistema de descarga é visualizado com maior facilidade.

Muitas vezes, a maneira mais simples de o agente de trânsito comprovar esse tipo de infração é quando o silenciador de motor está "oco" por dentro, o que provoca a descarga livre – ausência propriamente dita de silenciador, que produz o efeito desejado –, tornando esse equipamento defeituoso, deficiente ou simplesmente inoperante.

Situação similar acontece em motocicleta, com a substituição do escapamento original pelo esportivo, o que altera o funcionamento da descarga livre e, na maioria das vezes, causa um ruído não previsto.

Outra maneira bem comum de observar esse tipo de situação é quando o veículo automotor apresenta desgaste natural, pois a ferrugem acaba corroendo o sistema de escapamento, gerando ineficiência do sistema. Essa situação também é passível de notificação de trânsito.

4.24 Acessórios em desacordo

O art. 230, inciso XII, do CTB – "com equipamento ou acessório proibido" (Brasil, 1997) – disciplina os casos dos acessórios.

O carro sempre foi uma paixão dos brasileiros, tanto que, quando os jovens começam a trabalhar, uma das primeiras coisas com que sonham é comprar o primeiro veículo – como consequência, começam a equipá-lo.

Acontece que muitos acessórios são proibidos, e o sonho da maioria dos jovens é transformar seu primeiro veículo em algo parecido com aquilo que é exibido na trilogia americana *Velozes e furiosos*. Aqueles equipamentos que são adicionados aos veículos, conhecidos como *acessórios*, em muitos casos, alteram a funcionalidade do veículo no aspecto original e, por esse motivo, necessitam atender a alguns requisitos.

O acessório mais controverso é o DVD/TV, que é permitido, porém com algumas ressalvas. Vejamos o art. 3º da Resolução Contran n. 242, de 22 de junho de 2007:

> Art. 3º Fica proibida a instalação, em veículo automotor, de equipamento capaz de gerar imagens para fins de entretenimento, salvo se:
>
> I – instalado na parte dianteira, possuir mecanismo automático que o torne inoperante ou o comute para a função de informação de auxílio à orientação do condutor, independente da vontade do condutor e/ou dos passageiros, quando o veículo estiver em movimento;
>
> II – instalado de forma que somente os passageiros ocupantes dos bancos traseiros possam visualizar as imagens. (Contran, 2007a)

Diante da análise do dispositivo, o condutor somente poderá utilizar o DVD/a TV para os passageiros que ocupem o banco traseiro e para os ocupantes da parte dianteira quando o veículo estiver inoperante – essa é a regra geral.

Existem outros acessórios que chamam a atenção de seus proprietários, como o protetor "quebra-mato" (Resolução do Contran n. 215/2006) e o engate para reboque (Resolução do Contran n. 197/2006). Esses dois acessórios são permitidos, desde que obedecidos os requisitos estabelecidos nessas resoluções.

Quando o agente de trânsito for realizar o auto de infração com base no art. 230, inciso XII, deverá sempre citar, no campo da observação, o tipo do equipamento e detalhar, se possível, a forma como está constituída a irregularidade.

4.25 Veículo com os sistemas de iluminação e sinalização alterados

O art. 230, inciso XIII, do CTB – "com o equipamento do sistema de iluminação e de sinalização alterados" (Brasil, 1997) – tipifica a alteração no sistema de iluminação. Acaba sendo rotineira a troca, pelo proprietário, de parte do sistema de iluminação dos veículos, por motivos de estética ou de iluminação. Acontece que a troca aleatória para beneficiar um condutor acaba prejudicando os demais ocupantes das vias urbanas. Dessa forma, a regra para o condutor/proprietário é a seguinte: manter o padrão de iluminação dos veículos estabelecidos pelo fabricante e, quando quiser alterar algo no sistema de iluminação, consultar antes as Resoluções Contran n. 227/2007 e n. 667/2017.

Na hora de realizar o AIT em razão de inobservância do art. 230, inciso XIII, do CTB, o agente da autoridade de trânsito deverá indicar, no campo da observação, que tipo de alteração foi realizada no sistema de iluminação.

426 Veículos com os vidros total ou parcialmente cobertos por películas, painéis decorativos ou pinturas

Essa infração prevista no art. 230, inciso XVI, do CTB – "com vidros total ou parcialmente cobertos por películas refletivas ou não, painéis decorativos ou pinturas" (Brasil, 1997) – acontece com maior frequência nos casos de proprietários que utilizam películas refletivas/espelhadas ou aquelas com visibilidade fora dos padrões estabelecidos. Com relação à luminosidade dos vidros, deve ser atendido o disposto no art. 3º da Resolução Contran n. 254, de 26 de outubro de 2007:

> Art. 3º A transmissão luminosa não poderá ser inferior a 75% para os vidros incolores dos para-brisas e 70% para os para-brisas coloridos e demais vidros indispensáveis à dirigibilidade do veículo.
>
> § 1º Ficam excluídos dos limites fixados no *caput* deste artigo os vidros que não interferem nas áreas envidraçadas indispensáveis à dirigibilidade do veículo. Para estes vidros, a transparência não poderá ser inferior a 28%.
>
> § 2º Consideram-se áreas envidraçadas indispensáveis à dirigibilidade do veículo, conforme ilustrado no anexo desta resolução:
>
> I – a área do para-brisa, excluindo a faixa periférica de serigrafia destinada a dar acabamento ao vidro e à área ocupada pela banda degradê, caso existente, conforme estabelece a NBR 9491;
>
> II – as áreas envidraçadas situadas nas laterais dianteiras do veículo, respeitando o campo de visão do condutor.

> § 3º Aplica-se ao vidro de segurança traseiro (vigia) o disposto no parágrafo primeiro, desde que o veículo esteja dotado de espelho retrovisor externo direito, conforme a legislação vigente. (Contran, 2007b)

Além dessa hipótese, temos as películas de publicidade, que encobrem totalmente os vidros, as quais também não são permitidas, com base no dispositivo já mencionado.

A grande dificuldade dos agentes de trânsito está na comprovação da transmissão luminosa das películas escuras (estilo *insulfilm*) dos veículos, pois, infelizmente, a etiqueta de porcentagem da luminosidade nem sempre corresponde à luminosidade da película. Sendo assim, o agente de trânsito necessitaria de um aparelho próprio de verificação de luminosidade para a comprovação de infração do art. 230, inciso XVI, do CTB. Contudo, pouquíssimos agentes contam com a disponibilidade desse equipamento para o trabalho.

4.27 *Dirigir sem os documentos exigidos por lei*

Essa infração está prevista no art. 232 do CTB, conforme segue:

> Art. 232. Conduzir veículo sem os documentos de porte obrigatório referidos neste Código:
>
> Infração – leve;
>
> Penalidade – multa;
>
> Medida administrativa – retenção do veículo até a apresentação do documento. (Brasil, 1997)

Para entender melhor essa infração, primeiro é necessário pontuar quais são os documentos necessários:

- **Certificado de Licenciamento Anual (CLA)** – Na prática, é exigido o Certificado de Registro de Licenciamento Veicular (CRLV). A Resolução Contran n. 61/1998 explicita essa situação de diferentes nomenclaturas.
- **Carteira Nacional de Habilitação (CNH) ou Permissão para Dirigir (PPD)** – É exigida do condutor na direção de veículo automotor em via pública a CNH ou a PPD.
- **CNH do país de origem ou Permissão Internacional para Dirigir (PID) e passaporte** – Para condutores estrangeiros cujo país de origem é signatário da Convenção de Viena, é necessário, para conduzir veículo no Brasil, a carteira de habilitação do país de origem (ou a PID) e o passaporte com carimbo de entrada no Brasil de até seis meses. Após esse prazo, o condutor estrangeiro deverá iniciar o processo normal de habilitação.
- **Certificado de Apólice Única do Seguro de Responsabilidade Civil de Veículo Estrangeiro** – Previsto na Resolução Contran n. 238/2007, é exigido dos condutores com veículo estrangeiro que circulam pelo território brasileiro.
- **Comprovação de curso de especialização** – É exigida de condutores que trabalham com transporte de carga, carga perigosa, escolar, emergência, passageiros e outros que a legislação assim o exigir. Nessa relação inclui-se, ainda, uma modalidade recente, qual seja, os trabalhadores que fazem entrega com motocicleta e os motoristas de aplicativo, os quais necessitam da observação "Exerce atividade remunerada" (EAR) para exercer essas atividades.

- **Certificado Provisório de Registro e Licenciamento aos veículos apreendidos** – Vinculado ao Sistema Nacional de Políticas Públicas sobre Drogas (Sisnad), previsto no art. 61, parágrafo 13, da Lei n. 11.343/2006 e na Resolução Contran n. 324/2009, é exigido quando o veículo estiver envolvido em processo judicial relacionado à Lei de Entorpecentes.
- **Licença para Aprendizagem de Direção Veicular (LADV)** – É exigida quando o candidato a obter a carteira de habilitação está na via pública realizando as aulas de direção veicular. O aluno só poderá utilizar esse documento quando estiver dentro do veículo do centro de formação de condutores (CFC), com instrutor preestabelecido e no horário agendado.

Com o advento da Lei n. 13.281/2016, se o condutor não estiver portando o Certificado de Licenciamento Anual (CLA) e o CRLV e o agente de trânsito tiver meios de fazer a consulta do referido documento, caso a consulta resulte na inexistência de pendência administrativa, de débitos obrigatórios ou de alerta de furto/roubo, ele poderá liberar o veículo sem a realização da autuação pelo art. 232 do CTB.

Por muito tempo, houve o entendimento de que, nos casos de condutor sem porte da CNH, o veículo só poderia ser liberado caso a CNH daquele respectivo condutor fosse apresentada. Hoje, porém, o entendimento é o mais adequado, até porque a legislação não pontua exceções. Então, se o condutor não estiver portando a CNH e o agente de trânsito consultar o banco de dados vinculado ao Renach, poderá o agente, caso não haja nenhuma irregularidade com o condutor principal, fazer a notificação de trânsito pelo art. 232 do CTB e liberar o veículo para condutor devidamente habilitado na categoria.

Nesse caso, o agente deverá indicar, no campo da observação, que o veículo foi liberado com base no art. 270, parágrafo 1º, do CTB para condutor habilitado com prontuário número XX.

4.28 Infrações específicas para condutores de motocicletas, motonetas e ciclomotores

O art. 244 do CTB, em seus incisos I e II, elenca as notificações específicas para condutores e passageiros que não usam o capacete:

> Art. 244. Conduzir motocicleta, motoneta e ciclomotor:
>
> I – sem usar capacete de segurança com viseira ou óculos de proteção e vestuário de acordo com as normas e especificações aprovadas pelo CONTRAN;
>
> II – transportando passageiro sem o capacete de segurança, na forma estabelecida no inciso anterior, ou fora do assento suplementar colocado atrás do condutor ou em carro lateral; [...]. (Brasil, 1997)

Parece simples a configuração desses tipos de infrações, contudo, há a exigência de algumas peculiaridades. O capacete deverá atender aos requisitos de validade, aos padrões estabelecidos pelo Inmetro e ao estilo da viseira. Isso está previsto na Resolução Contran n. 453, de 26 de setembro de 2013:

> Art. 1º É obrigatório, para circular nas vias públicas, o uso de capacete motociclístico pelo condutor e passageiro de motocicleta, motoneta, ciclomotor, triciclo motorizado e quadriciclo motorizado, devidamente afixado à cabeça pelo conjunto formado pela cinta jugular e engate, por debaixo do maxilar inferior.
>
> § 1º O capacete motociclístico deve estar certificado por organismo acreditado pelo Instituto Nacional de Metrologia, Normalização, Qualidade e Tecnologia (INMETRO), de acordo com regulamento de avaliação

da conformidade por ele aprovado. (Redação do parágrafo dada pela Resolução CONTRAN N. 680 DE 25/07/2017).

§ 2º Capacetes com numeração superior a 64 estão dispensados da certificação compulsória quando adquiridos por pessoa física no exterior. (Parágrafo acrescentado pela Resolução CONTRAN N. 680 DE 25/07/2017).

Art. 2º Para fiscalização do cumprimento desta Resolução, as autoridades de trânsito ou seus agentes devem observar:

I – Se o capacete motociclístico utilizado é certificado pelo INMETRO;

II – Se o capacete motociclístico está devidamente afixado à cabeça;

III – A aposição de dispositivo retrorrefletivo de segurança nas partes laterais e traseira do capacete motociclístico, conforme especificado no item I do Anexo;

IV – A existência do selo de identificação da conformidade do INMETRO, ou etiqueta interna com a logomarca do INMETRO, especificada na norma NBR7471, podendo esta ser afixada no sistema de retenção;

V – O estado geral do capacete, buscando avarias ou danos que identifiquem a sua inadequação para o uso;

Parágrafo único. Os requisitos descritos nos incisos III e IV deste artigo aplicam-se aos capacetes fabricados a partir de 1º de agosto de 2007.

Art. 3º O condutor e o passageiro de motocicleta, motoneta, ciclomotor, triciclo motorizado e quadriciclo motorizado, para circular na via pública, deverão utilizar capacete com viseira, ou na ausência desta, óculos de proteção, em boas condições de uso.

§ 1º Entende-se por óculos de proteção, aquele que permite ao usuário a utilização simultânea de óculos corretivos ou de sol.

§ 2º Fica proibido o uso de óculos de sol, óculos corretivos ou de segurança do trabalho (EPI) de forma singular, em substituição aos óculos de proteção.

§ 3º Quando o veículo estiver em circulação, a viseira ou óculos de proteção deverão estar posicionados de forma a dar proteção total aos olhos, observados os seguintes critérios:

I – quando o veículo estiver imobilizado na via, independentemente do motivo, a viseira poderá ser totalmente levantada, devendo ser imediatamente restabelecida a posição frontal aos olhos quando o veículo for colocado em movimento;

II – a viseira deverá estar abaixada de tal forma possibilite a proteção total frontal aos olhos, considerando-se um plano horizontal, permitindo-se, no caso dos capacetes com queixeira, pequena abertura de forma a garantir a circulação de ar;

III – no caso dos capacetes modulares, além da viseira, conforme inciso II, a queixeira deverá estar totalmente abaixada e travada.

§ 4º No período noturno, é obrigatório o uso de viseira no padrão cristal.

§ 5º É proibida a aposição de película na viseira do capacete e nos óculos de proteção. (Contran, 2013b)

Essa resolução disciplina os requisitos a que os capacetes devem atender e sua inobservância resulta nas infrações previstas nos incisos I e II do art. 244 do CTB. Cabe ao agente de trânsito apontar, no campo da observação, o problema específico do capacete ou a ausência dele.

O inciso III do art. 244 do CTB faz menção à ideia de condutores que se utilizam do veículo para fazer manobras ou andar com apenas uma das rodas. Esse dispositivo enfatiza o andar com uma das rodas, porque a conduta de malabarismo é genérica, e, em razão dos princípios gerais do direito na esfera penal, a norma geral prevalece sobre a específica: nesse caso, o art. 175 do CTB descreve pontualmente quais seriam essas condutas.

Outra infração prevista no mesmo art. 244 do CTB, em seu inciso IV, é andar com os faróis apagados. Existe a obrigatoriedade de andar com os faróis ligados durante a noite e em túneis durante o dia, contudo, não existe um horário específico que delimite dia e noite. Com o advento da Lei n. 13.290/2016, todos os veículos deverão utilizar os faróis ligados quando estiverem em túneis e rodovias, independentemente de ser durante o dia ou a noite.

O inciso V do art. 244 do CTB traz como infração o transporte de "criança menor de sete anos ou que não tenha, nas circunstâncias, condições de cuidar de sua própria segurança" (Brasil, 1997). Além da idade mínima, outro fator que deve ser levado em consideração é a condição da criança, se ela tem condições de se sustentar em cima da motocicleta, levando em consideração a altura e o tamanho dos braços.

Conduzir motocicleta, motoneta ou ciclomotor sem as duas mãos no guidom também constitui infração de trânsito. A única ressalva para essa conduta é o respectivo condutor estar sinalizando alguma manobra.

4.29 Condutas realizadas por condutores dentro do próprio veículo

O art. 252 do CTB destaca alguns comportamentos realizados por condutores dentro de seus próprios veículos que são reprovados pela legislação de trânsito. O primeiro deles está previsto no inciso I e se refere a dirigir o veículo "com o braço para o lado de fora" (Brasil, 1997). Essa conduta só é permitida quando utilizada para sinalizar manobra. No entanto, vale ressaltar que, se o condutor coloca o braço para fora com o objetivo de arremessar objetos na via, a autuação é pelo art. 172 do CTB, pois é dispositivo específico para o caso. Realizar as duas autuações seria abusivo, tendo em vista que a conduta prevista no art. 172 abrange o comportamento da conduta do art. 252, inciso I, do CTB.

O inciso II do art. 252 do CTB prevê a infração para transportar "pessoas, animais ou volume à sua esquerda ou entre os braços e pernas" (Brasil, 1997). Essa infração é típica do pai que quer, supostamente, "ensinar" o filho pequeno a dirigir, bem como transitar com animal de estimação próximo ao corpo do condutor ou, ainda, aquelas pessoas que viajam e, por falta de espaço, acabam colocando objetos em áreas que atrapalham o condutor.

Já o inciso III do art. 252 do CTB traz as situações de "incapacidade física ou mental que comprometem a segurança do trânsito" (Brasil, 1997). A incapacidade física, via de regra, é visível quando o condutor é fiscalizado, mas a incapacidade temporária mental nem sempre é possível observar no momento da abordagem, e sim por restrição encontrada no prontuário daquele condutor, que impede por determinado tempo a direção de veículo automotor em via pública. A incapacidade física também é passível de restrição no prontuário.

O inciso IV do art. 252 dispõe sobre dirigir "usando calçado que não se firme nos pés ou que comprometa a utilização dos pedais" (Brasil, 1997). A legislação não menciona especificamente que tipo de calçados são proibidos, mas, pela redação, é possível extrair que chinelos e mulheres com sapatos estilo "salto alto" são proibidos. A grande dúvida paira sobre os condutores descalços, pois a legislação não veda.

Como acontece com condutores de motocicleta, motoneta e ciclomotores, a legislação também veda que condutores de veículos de quatro rodas dirijam com apenas uma das mãos ao volante. As únicas ressalvas são os casos de sinalização de manobra ou acionamento de algum acessório permitido. Essa conduta está inserida no inciso V do mesmo art. 252.

A utilização de fones de ouvido conectados a aparelho que emite som ou telefone celulares também é proibida, devendo o agente de trânsito, no momento da confecção do AIT, descrever a conduta que gerou a infração. Araujo (2020d) destaca que:

> utilização de telefone celular, desde que mantenha as duas mãos à direção do veículo (por conta do parágrafo único do artigo 252, adiante comentado), pouco importando se com fone de ouvido, apoiado no ombro ou, até mesmo, no viva-voz (embora, neste caso, haja uma óbvia dificuldade de fiscalização).
>
> Se o telefone celular for utilizado retirando-se uma das mãos do volante, como, por exemplo, para enviar uma mensagem de texto ou ler informações do aparelho, a infração deixa de ser do inciso VI, para se enquadrar no inciso V, com a agravante do parágrafo único.

No caso de o telefone ser utilizado para envio de mensagem de texto, deverá ser destacada tal informação no campo da observação do AIT.

> *Para saber mais*
>
> Há inúmeros manuais do Código de Trânsito Brasileiro comentado que tratam sobre as infrações debatidas neste capítulo. A seguir, indicamos alguns para consulta e aprofundamento do tema:
>
> GOMES, O. S. **Código de Trânsito Brasileiro comentado e legislação complementar.** 15. ed. Curitiba: Juruá, 2020.
>
> PAZETTI, A. L. T.; ARAUJO, J. M. de. **Código de Trânsito Brasileiro: anotado e comentado.** 7. ed. Porto Alegre: Letras Jurídicas, 2018.
>
> RIZZARDO, A. **Comentários ao Código de Trânsito Brasileiro.** 10. ed. Salvador: Juspodivm, 2019.

Síntese

Neste capítulo, vimos as principais infrações de trânsito, que acontecem, na maioria das vezes, porque os condutores são negligentes e acreditam que não serão fiscalizados ou, ainda, que isso não é algo relevante. As infrações podem gerar consequências graves ou não, contudo, se são atitudes contrárias à legislação de trânsito, não devem ser praticadas.

Questões para revisão

1. A notificação de trânsito exclui o condutor das eventuais penalidades da legislação penal, uma vez que estaria sendo punido duas vezes? Explique.

2. Se o condutor que for flagrado conduzindo veículo não licenciado, poderá pagar o débito pelo *smartphone* e não receberá as penalidades do art. 230, inciso V, do CTB?

3. Assinale, a seguir, a alternativa **incorreta**:
   a. O condutor tem prazo de 30 dias após o vencimento da CNH para renovação.
   b. De acordo com o art. 230 do CTB, veículo não registrado é o mesmo que veículo não licenciado.
   c. Para configurar da infração de trânsito, os verbos *permitir* e *entregar* têm significados distintos.
   d. A infração de ultrapassagem pelo "corredor" não está prevista no atual CTB.

4. Sobre embriaguez ao volante, é correto afirmar:
   a. A quantidade de álcool no sangue por unidade ar alveolar deverá ser, no mínimo, de 0,34 para configurar a infração do art. 165 do CTB.
   b. É necessária a comprovação de capacidade psicomotora alterada para configurar a infração de embriaguez ao volante.
   c. A comprovação do uso de entorpecentes não tipifica a infração do art. 165 do CTB.
   d. É possível o condutor ser penalizado pela recusa na realização do teste do etilômetro.

5. Assinale, a seguir, a alternativa correta:
   a. Para justificar a alteração para uma cor fantasia de um veículo, é preciso, no mínimo, 30% de alteração na cor da pintura registrada no CRLV.
   b. A Permissão Internacional para Dirigir (PID) não é documento de porte obrigatório para condutor estrangeiro no Brasil.

c. Veículo com suspensão alterada e sem a devida inspeção por órgão credenciado pelo Estado, caso seja fiscalizado, deverá ser notificado por suspensão alterada, infração prevista no art. 230, inciso VII, do CTB.

d. Condutor flagrado com a placa de identificação sem condições de visibilidade poderá pintar os caracteres ilegíveis, receber a notificação pertinente e ser liberado.

Questões para reflexão

1. Você concorda com a legislação da infração de embriaguez? Por quê?

2. Você já foi notificado por algumas das infrações debatidas neste capítulo e se sentiu injustiçado? Por quê?

✦ ✦ ✦

capítulo cinco

Medidas administrativas e auto de infração de trânsito

Conteúdos do capítulo:

+ Medidas administrativas que o Estado executa após a constatação da infração de trânsito.
+ Fundamentação legal e requisitos para a lavratura da notificação de trânsito.
+ Recursos administrativos cabíveis.

Após o estudo deste capítulo, você será capaz de:

1. compreender a atuação do Estado após o cometimento de uma infração de trânsito;
2. identificar a fundamentação legal e os requisitos do auto de infração de trânsito (AIT);
3. elencar os tipos de recursos administrativos cabíveis.

5.1 Medidas administrativas mais recorrentes

As medidas administrativas são as ferramentas que a legislação estabelece para que a autoridade trânsito, na maioria casos por meio de seus agentes, execute as medidas punitivas previstas no Código de Trânsito Brasileiro (CTB) – Lei n. 9.503, de 23 de setembro de 1997 (Brasil, 1997). Em determinados casos, a medida administrativa é o meio de que o legislador se valeu para dar efetividade às penalidades previstas no CTB.

O CTB, em seu art. 269, prevê a possibilidade de dez medidas administrativas, contudo, destacamos nesta obra apenas cinco, por serem aquelas que os agentes de trânsito executam em sua atividade-fim. Vejamos a seguir.

Retenção do veículo

O art. 270 do CTB elenca algumas situações em que o veículo ou o condutor com alguma irregularidade podem ser liberados. Vamos à redação do dispositivo:

> Art. 270. O veículo poderá ser retido nos casos expressos neste Código.
>
> § 1º Quando a irregularidade puder ser sanada no local da infração, o veículo será liberado tão logo seja regularizada a situação.
>
> § 2º Não sendo possível sanar a falha no local da infração, o veículo, desde que ofereça condições de segurança para circulação, poderá ser liberado e entregue a condutor regularmente habilitado, mediante recolhimento do Certificado de Licenciamento Anual, contra apresentação de recibo, assinalando-se prazo razoável ao condutor para regularizar a situação, para o que se considerará,

desde logo, notificado. (Redação dada pela Lei n. 13.160, de 2015)

§ 3º O Certificado de Licenciamento Anual será devolvido ao condutor no órgão ou entidade aplicadores das medidas administrativas, tão logo o veículo seja apresentado à autoridade devidamente regularizado.

§ 4º Não se apresentando condutor habilitado no local da infração, o veículo será removido a depósito, aplicando-se neste caso o disposto no art. 271. (Redação dada pela Lei n. 13.281, de 2016) (Vigência)

§ 5º A critério do agente, não se dará a retenção imediata, quando se tratar de veículo de transporte coletivo transportando passageiros ou veículo transportando produto perigoso ou perecível, desde que ofereça condições de segurança para circulação em via pública.

§ 6º Não efetuada a regularização no prazo a que se refere o § 2º, será feito registro de restrição administrativa no Renavam por órgão ou entidade executivo de trânsito dos Estados e do Distrito Federal, que será retirada após comprovada a regularização. (Incluído pela Lei n. 13.160, de 2015)

§ 7º O descumprimento das obrigações estabelecidas no § 2º resultará em recolhimento do veículo ao depósito, aplicando-se, nesse caso, o disposto no art. 271. (Brasil, 1997)

São várias as possibilidades de liberação do veículo para o condutor. No parágrafo 1º do art. 270 do CTB, temos a situação básica em que a irregularidade pode ser sanada no local. Um exemplo é o condutor que, estando em um veículo com algum dos pneus sem condições de uso, de algum modo conseguiu substituir esse componente de maneira rápida e no local. Nesse caso, no campo da observação, o agente de trânsito irá indicar que o pneu estava sem condições de uso, mas que o veículo foi liberado no local com base no art. 270, parágrafo 1º, do CTB, tendo em vista que o condutor o substituiu.

O parágrafo 2º do art. 270 do CTB foi alterado pela Lei n. 13.160, de 25 de agosto de 2015, que incluiu a expressão "desde que ofereça condições de segurança para a circulação" (Brasil, 2015). Esse dispositivo prevê os casos em que a irregularidade não pode ser sanada no local por falta de meios disponíveis, contudo, não existirá um comprometimento dos usuários da via se o veículo for liberado para a circulação, com prazo para regularização. Podemos citar o exemplo de um veículo com várias cores utilizado para publicidade, porém não consta no Certificado de Registro e Licenciamento de Veículo (CRLV) a cor "fantasia", bem como a cor descrita no respectivo documento não atinge o mínimo de 50% da pintura. Nesse caso, o veículo é liberado com base no art. 270, parágrafo 2º, do CTB, sendo descrita a seguinte anotação no campo da observação: veículo com a pintura alterada, liberado com base no art. 270, parágrafo 2º, do CTB para apresentação na sede XX, até dia XX, com a situação regularizada. No dia descrito no auto de infração de trânsito (AIT), o condutor/proprietário deverá apresentar o veículo e, nesse caso, será feita a alteração no documento ou a pintura deverá ser refeita. No momento da lavratura desse auto de infração, o agente de trânsito deverá apreender o CRLV do veículo, sendo este liberado apenas no dia da vistoria, no local previamente determinado.

O parágrafo 3º do art. 270 do CTB trata da restituição do CRLV após o condutor/proprietário apresentar o veículo que foi flagrado com alguma irregularidade, configurando infração de trânsito, situação em que o condutor será liberado com base no art. 270, parágrafo 2º, do CTB. A apresentação do veículo regularizado geralmente ocorre no local onde o agente de trânsito que fez a notificação é lotado profissionalmente ou em local definido pela autoridade de trânsito competente. Caso o proprietário não apresente regularizado o veículo no prazo preestabelecido, o CRLV do veículo será encaminhado para a autoridade de trânsito, que emitirá uma restrição administrativa no Renavam no veículo, com base no art. 270, parágrafo 6º, do CTB.

O parágrafo 4º do art. 270 do CTB menciona a situação do veículo que será removido ao pátio/depósito designado pela autoridade de trânsito porque o condutor não apresentou um condutor devidamente habilitado para assumir a direção do veículo envolvido na suposta infração de trânsito.

Por sua vez, o parágrafo 5º do art. 270 do CTB traz a seguinte redação: "A critério do agente, não se dará a retenção imediata, quando se tratar de veículo de transporte coletivo transportando passageiros ou veículo transportando produto perigoso ou perecível, desde que ofereça condições de segurança para circulação em via pública" (Brasil, 1997). Nesse caso, o veículo é liberado, contudo, o AIT é confeccionado. Quando a legislação cita "produto perecível", é razoável imaginar que a carga não possa ser removida de modo fácil e rápido, não podendo ser objeto de caracterização da infração – por exemplo, um quilo de queijo e três quilos de carne. Partimos da hipótese que a carga seja de volume e peso considerável e que, assim, não possa ser transportada facilmente.

Remoção do veículo

O art. 271 do CTB traz algumas condições para veículo removido ao depósito ser liberado. A primeira delas é que as despesas inerentes à remoção sejam pagas (taxa de remoção e estadia no pátio), além de eventuais débitos que o veículo tenha, como: taxa de licenciamento, seguro obrigatório, Imposto sobre a Propriedade de Veículos Automotores (IPVA) e eventuais multas. Tudo está previsto no parágrafo 1º do mesmo artigo.

A segunda e a terceira condições estão, respectivamente, previstas nos parágrafos 2º e 3º do art. 271 do CTB. A primeira delas menciona a necessidade de o veículo ter seu reparo realizado antes de sair do pátio onde se encontra apreendido. A segunda situação está relacionada às hipóteses em que não é possível ser realizado o reparo dentro do pátio onde o veículo se encontra, e, nesses casos, o veículo será retirado do local por um guincho ou similar e deverá ser apresentado novamente dentro do prazo estabelecido para a regularização necessária.

Quando o agente de trânsito solicita, ao final da abordagem de trânsito, a remoção do veículo notificado e apreendido, essa remoção ao pátio/depósito designado pela autoridade será feita por veículos oficiais do Estado ou por terceiros, quando vencedores do respectivo processo licitatório (quando o serviço for realizado por particulares, as despesas deverão ser pagas diretamente ao contratado, conforme parágrafo 11 do art. 271 do CTB). Como já mencionado, as despesas desse processo de remoção serão custeadas pelo proprietário do veículo removido. Esse procedimento está previsto no art. 270, parágrafo 4º, do CTB.

Não caberá remoção de veículo quando a irregularidade puder ser sanada no local, conforme o parágrafo 9º do art. 271 do CTB.

Recolhimento da CNH, do CRV e do CRLV

O recolhimento da Carteira Nacional de Habilitação (CNH) ocorrerá, além dos casos previstos como medida administrativa, nos casos de suspeita de adulteração do respectivo documento. Já o Certificado de Registro de Veículo (CRV), além da situação de possível adulteração do documento, será recolhido também nos casos em que a transferência do veículo ultrapassou o limite de 30 dias.

Por sua vez, o recolhimento do CRLV está condicionado às situações previstas no art. 274 do CTB:

> Art. 274. O recolhimento do Certificado de Licenciamento Anual dar-se-á mediante recibo, além dos casos previstos neste Código, quando:
>
> I – houver suspeita de inautenticidade ou adulteração;
>
> II – se o prazo de licenciamento estiver vencido;
>
> III – no caso de retenção do veículo, se a irregularidade não puder ser sanada no local. (Brasil, 1997)

O recibo mencionado para essas três hipóteses, via de regra, será o próprio AIT da autuação realizada, constando nele o recolhimento do respectivo documento.

Realização do teste de alcoolemia

Trata-se do popular "teste do famoso", como é conhecido o método para verificação do nível de alcoolemia dos condutores fiscalizados. O método que a legislação estabelece para esse tipo de ação está previsto no art. 277 do CTB:

> Art. 277. O condutor de veículo automotor envolvido em acidente de trânsito ou que for alvo de fiscalização de trânsito poderá ser submetido a teste, exame clínico, perícia ou outro procedimento que, por meios técnicos ou científicos, na forma disciplinada pelo Contran, permita certificar influência de álcool ou outra substância psicoativa que determine dependência.
>
> § 1º (Revogado).
>
> § 2º A infração prevista no art. 165 também poderá ser caracterizada mediante imagem, vídeo, constatação de sinais que indiquem, na forma disciplinada pelo Contran, alteração da capacidade psicomotora ou produção de quaisquer outras provas em direito admitidas.

> § 3º Serão aplicadas as penalidades e medidas administrativas estabelecidas no art. 165-A deste Código ao condutor que se recusar a se submeter a qualquer dos procedimentos previstos no *caput* deste artigo. (Brasil, 1997)

O art. 277 do CTB tem forte vinculação com os arts. 165 e 306, que se referem à infração de trânsito e ao crime, respectivamente.

A primeira consideração que se faz necessária está no *caput* do art. 277 do CTB: o enunciado jurídico utiliza o verbo *poderá*, que configura critério facultativo, logo, todo condutor que for alvo de fiscalização de trânsito ou estiver envolvido em acidente de trânsito não será obrigado a submeter-se a teste, exame, perícia ou qualquer outro procedimento. Isso quer dizer que, se o agente da autoridade de trânsito verificar que não existem sinais de embriaguez por parte do condutor, não terá obrigatoriedade de impor a este o exame de alcoolemia mediante etilômetro.

Caso existam sinais de embriaguez por parte do condutor abordado e este se recuse a fazer o teste no etilômetro, o agente de trânsito tem a possibilidade de comprovar a alteração na capacidade psicomotora do abordado, por meio das formas descritas no parágrafo 2º do art. 277 do CTB – reiteramos: "mediante imagem, vídeo, constatação de sinais que indiquem, na forma disciplinada pelo Contran, alteração da capacidade psicomotora ou produção de quaisquer outras provas em direito admitidas" (Brasil, 1997). Além de disso, o agente da autoridade de trânsito deverá reproduzir as informações observadas no condutor fiscalizado no Termo de Recusa, conforme previsto no art. 5º, parágrafo 2º, da Resolução n. 432, de 23 de janeiro de 2013 (Brasil, 2013a), do Conselho Nacional de Trânsito (Contran).

5.2 Auto de infração de trânsito

O AIT consiste em

> um documento utilizado para identificação da infração. O AIT deve ser utilizado pelos agentes da autoridade de trânsito quando for presenciada conduta definição como infração de trânsito pelo CTB ou, ainda, quando essa irregularidade administrativa for comunicada através de equipamentos eletrônicos ou fotográficos para registrar uma ou mais infrações. A missão do agente da Autoridade de Trânsito, é a lavratura do Auto de Infração de Trânsito e, por consequência, comunicar a Autoridade de Trânsito, órgão responsável por por examinar e julgar o AIT. (Basileis, 2019, p. 15)

O Manual de Fiscalização de Trânsito, volume 2, aprovado pela Resolução Contran n. 561, de 15 de outubro de 2015, complementa essa definição de AIT:

> O AIT é peça informativa que subsidia a Autoridade de Trânsito na aplicação das penalidades e sua consistência está na perfeita caracterização da infração, devendo ser preenchido de acordo com as disposições contidas no artigo 280 do CTB e demais normas regulamentares, com registro dos fatos que fundamentaram sua lavratura. O AIT não poderá conter rasura, emenda, uso de corretivo, ou qualquer tipo de adulteração. O seu preenchimento se dará com letra legível, preferencialmente, com caneta esferográfica de tinta azul. Poderá ser utilizado o talão eletrônico para o registro da infração conforme

regulamentação específica. O agente só poderá registrar uma infração por auto e, no caso da constatação de infrações em que os códigos infracionais possuam a mesma raiz (os três primeiros dígitos), considerar-se-á apenas uma infração. Exemplo: veículo sem equipamento obrigatório e com equipamento obrigatório ineficiente/inoperante, utilizar o código 663-71 e descrever no campo 'Observações' a situação constatada (ex: sem o estepe e com o extintor de incêndio vazio). As infrações podem ser concorrentes ou concomitantes: São concorrentes aquelas em que o cometimento de uma infração tem como pressuposto o cometimento de outra. Por exemplo: veículo sem as placas (art. 230, IV), por falta de registro (art. 230, V). Nesses casos, o agente deverá lavrar um único AIT, com base no art. 230, V. São concomitantes aquelas em que o cometimento de uma infração não implica o cometimento de outra, na forma do art. 266 do CTB. Por exemplo: dirigir veículo com a CNH vencida há mais de trinta dias (art. 162, V) e de categoria diferente para a qual é habilitado (art. 162, III). Nesses casos, o agente deverá lavrar os dois AIT. (Contran, 2015b)

Existe uma divisão inicial das infrações de trânsito de acordo com seu potencial de perigo: infração leve – 3 pontos; infração média – 4 pontos, infração grave – 5 pontos; e infração gravíssima – 7 pontos. Além disso, as infrações podem receber um acréscimo, principalmente na questão pecuniária, e as infrações gravíssimas podem, ainda, ter seus efeitos multiplicados, dependendo de algumas variáveis.

O agente da autoridade de trânsito irá formalizar aquela suposta infração de trânsito que presenciou e comunicar a autoridade de trânsito competente sobre o fato por meio do talonário (no caso do meio físico), que é o popular "bloco de notificação", o qual é utilizado para a confecção do AIT e é de caráter personalíssimo, ou seja, somente pode utilizá-lo aquele a que foi confiada tal atribuição. O talonário manual, via de regra, tem 50 autos (jogos de AIT), os quais devem ser atribuídos a um único agente credenciado e designado com responsável por aquele talonário. Não existe a possibilidade de o talonário ser compartilhado com outro agente de trânsito; a única hipótese nesse sentido é a transferência do bloco para outro agente, sendo que o primeiro que iniciou o talonário não poderá mais utilizar outro auto do mesmo talonário.

Fundamentação legal

Para que o agente da autoridade de trânsito confeccione o AIT, deverá seguir alguns requisitos, os quais estão previstos no art. 280 do CTB e em algumas resoluções que completam o tema. Vejamos, inicialmente, o teor do dispositivo legal citado:

> Art. 280. Ocorrendo infração prevista na legislação de trânsito, lavrar-se-á auto de infração, do qual constará:
>
> I – tipificação da infração;
>
> II – local, data e hora do cometimento da infração;
>
> III – caracteres da placa de identificação do veículo, sua marca e espécie, e outros elementos julgados necessários à sua identificação;
>
> IV – o prontuário do condutor, sempre que possível;
>
> V – identificação do órgão ou entidade e da autoridade ou agente autuador ou equipamento que comprovar a infração;
>
> VI – assinatura do infrator, sempre que possível, valendo esta como notificação do cometimento da infração.
>
> § 1º (VETADO)

§ 2º A infração deverá ser comprovada por declaração da autoridade ou do agente da autoridade de trânsito, por aparelho eletrônico ou por equipamento audiovisual, reações químicas ou qualquer outro meio tecnologicamente disponível, previamente regulamentado pelo CONTRAN.

§ 3º Não sendo possível a autuação em flagrante, o agente de trânsito relatará o fato à autoridade no próprio auto de infração, informando os dados a respeito do veículo, além dos constantes nos incisos I, II e III, para o procedimento previsto no artigo seguinte.

§ 4º O agente da autoridade de trânsito competente para lavrar o auto de infração poderá ser servidor civil, estatutário ou celetista ou, ainda, policial militar designado pela autoridade de trânsito com jurisdição sobre a via no âmbito de sua competência. (Brasil, 1997)

O primeiro requisito mencionado na legislação está no inciso I do art. 280 do CTB: "tipificação da infração" (Brasil, 1997). Nesse inciso, estabelece-se como condição a obrigatoriedade de indicar a norma que prevê aquela infração de trânsito. Deverá contemplar o respectivo artigo, parágrafo, inciso ou alínea, além do diploma legal em que foi extraída essa infração, via de regra, o CTB. Contudo, ainda poderá ser inserida outra legislação, como o Decreto n. 96.044/1988, que regulamenta o transporte rodoviário de produtos perigosos.

O segundo requisito destacado está no inciso II do art. 280 do CTB e faz menção a três condições:

1. **Local** – O legislador inseriu como critério a obrigatoriedade do "local", ou seja, onde especificamente aconteceu a infração, sendo necessário, então, preencher "rua, avenida, alameda, travessa", o nome do logradouro e o numeral. Exige-se a localização exata do local. Caso não exista numeração, por

exemplo, estrada ou rodovia, insere-se o quilômetro específico mais a distância de onde ocorreu a demarcação deste. Os agentes utilizam o odômetro do veículo para aferir essa distância adicional. Atualmente, os agentes de trânsito dispõem de GPS (*Global Positioning System*, em português, Sistema de Posicionamento Global) – seja esse equipamento da instituição, seja particular –, o qual auxilia no estabelecimento de uma localização exata. Essa mesma situação ocorre em áreas urbanas onde não existem edificações nos terrenos ou então a edificação é muito grande, por exemplo: empresa grande, estádio de futebol, pista de automobilismo e outros. Com relação ao preenchimento do nome do logradouro, deve ser sempre realizado sem abreviatura.

2. **Data** – Nesse campo deve ser inserido apenas números de 0 a 9, sendo os oito dígitos correspondentes à data: os dois primeiros para o dia; o terceiro e o quarto para os meses do ano (01 – janeiro; 02 – fevereiro; 03 – março; 04 – abril; 05 – maio; 06 – junho; 07 – julho; 08 – agosto; 09 – setembro; 10 – outubro; 11 – novembro; 12 – dezembro) e os últimos quatro dígitos para o ano correspondente. Esse modelo de preenchimento está diretamente relacionado com a confecção do AIT na forma manual, em bloco de notificações. O sistema de confecção do AIT digital, realizado por meio eletrônico (*smartphones* e *tablets*), poderá ser realizado de outra forma, desde que estejam presentes os dados necessários para a correta identificação do dia.

3. **Hora** – Nesse campo são preenchidos os algarismos referentes à hora e aos minutos. Os dois primeiros dígitos referem-se à hora, contadas de 00 a 23, e os últimos dois dígitos referem-se aos minutos, contados de 00 a 59. Não serão preenchidos segundos nesse momento, exceto se o preenchimento for realizado por meio eletrônico e o próprio sistema inserir de forma automática. Esse horário será o exato momento em que

o agente de trânsito presenciou o fato, devendo sempre ser utilizado o horário de Brasília como referência. Para os estados da Federação que não seguem o horário da capital federal, deve ser acrescentada ou diminuída uma ou duas horas deste, mantendo os minutos do horário da capital. A importância do horário exato e correto está vinculada a possíveis recursos dos condutores, que poderão utilizar *tickets* de estacionamentos ou pedágio para tentar cancelar o AIT, sob a alegação de que, no horário apontado pelo agente, o veículo estava em outro local, ou de que, pelo horário que o veículo saiu de determinado ponto, não teria condições de chegar ao local e horário em que foi lavrado o AIT.

O terceiro requisito está previsto no inciso III do art. 280 e trata dos "caracteres da placa de identificação do veículo, sua marca e espécie, e outros elementos julgados necessários à sua identificação" (Brasil, 1997). Vamos analisar cada um deles a seguir:

- **Caracteres da placa de identificação do veículo** – As placas no Brasil seguiam uma numeração simples: os três primeiros dígitos eram destinados às letras e o segundo bloco de caracteres era composto apenas de números, configurando um milhar. Contudo, em 6 de março de 2018, foi editada a Resolução Contran n. 729, a qual estabelece "sistema de Placas de Identificação de Veículos no padrão disposto na Resolução MERCOSUL do Grupo Mercado Comum nº 33/2014" (Contran, 2018). Embora a resolução tenha entrado em vigor em 8 de março de 2018, data de sua publicação, por questões políticas e administrativas – para os veículos que saem de fábrica, para veículos que mudaram de município ou Estado, no caso de substituição necessária por causa de furto ou roubo da placa anterior (ou dano), por necessidade de segunda placa traseira (para veículos de reboques, carrocerias e outros) ou de mudança de placa –, a obrigatoriedade do novo modelo de placa (conhecida popularmente como a "placa do Mercosul") só começou a ser exigida a partir de 1º de janeiro de 2019. Essa é a regra geral, mas existem veículos, considerados especiais, que tem um tratamento diferenciado pelo CTB, os quais fogem à regra geral e devem ter sua regulamentação nos sistemas Renavam (Registro Nacional de Veículos Automotores) e Renainf (Registro Nacional de Infrações de Trânsito), para garantir sua circulação dentro da nova sistemática.

+ **Marca e espécie** – A classificação de marca deriva do nome do fabricante e a espécie está prevista no art. 96 do CTB e nas Resoluções Contran n. 291/2008 e n. 369/2010, além das Portarias Denatran n. 279/2010 e 1.101/2011.

+ **Outros elementos necessários à identificação** – Nesse caso, deverá ser ressaltado aquilo que foge da normalidade, como os veículos que passaram por alteração de característica ou que seu estado de fabricação foi completado, por exemplo, os caminhões. Essa característica diferente deverá ser mencionada no campo de observação do AIT, além da respectiva alteração seguir o estabelecido no arts. 3º, 4º e 5º da Resolução Contran n. 291/2008.

A quarta condição prevista no art. 280 do CTB é "o prontuário do condutor, sempre que possível" (Brasil, 1997). Nos casos da identificação do condutor devidamente habilitado, segundo a legislação brasileira, deverá constar o "n. (número) de registro", descrito na face da CNH, no canto esquerdo inferior do documento, logo abaixo da foto do respectivo condutor. Caso o condutor seja habilitado fora do país, sua habilitação esteja dentro da validade e, somado a isso, o país de origem da carteira de habilitação estrangeira seja signatário da Convenção de Viena, da qual o Brasil faz parte, deverá o código dessa habilitação estar descrito no campo de observação do AIT.

Nas situações de condutor não identificado, essa informação deverá constar no AIT no respectivo campo de observação, juntamente a sua previsão legal (art. 280, § 3º, do CTB).

O quinto requisito está previsto no inciso V do art. 280 do CTB: "identificação do órgão ou entidade e da autoridade ou agente autuador ou equipamento que comprovar a infração" (Brasil, 1997). O órgão, a entidade ou a autoridade estão diretamente relacionados à competência de cada segmento previsto no Sistema Nacional de Trânsito, previsto nos arts. 7º a 25 do CTB. Nos dispositivos mencionados consta a classificação de competência de cada ente vinculado ao Sistema Nacional de Trânsito. Logo, para cada localidade e tipo de via existente, há um órgão responsável para realizar a fiscalização dos condutores que utilizam a referida via. Se existe um órgão responsável para fiscalizar, existem também os agentes da autoridade de trânsito que irão fazer a fiscalização propriamente dita. Esses agentes fazem parte do órgão a que está vinculada a autoridade responsável por determinado tipo de fiscalização, ou, ainda, podem ser de outro órgão e atuar na fiscalização de trânsito, mediante convênio entre as instituições. A possibilidade de convênio está prevista no art. 25 do CTB. Os agentes da autoridade de trânsito deverão ter sua identificação no AIT indicada pelo RG (Registro Geral) ou número de matrícula atribuído pela autoridade de trânsito vinculada. Nos casos da confecção do AIT por escrito em talonário, o agente da autoridade trânsito deverá fazer uma assinatura ou rubrica no respectivo auto.

O último requisito direto do art. 280 do CTB consta no inciso VI: "assinatura do infrator, sempre que possível, valendo esta como notificação do cometimento da infração" (Brasil, 1997). De acordo com Araujo (2020e):

> A assinatura, frise-se, não é obrigatória (nem tampouco admissão de culpa), mas, toda vez que se fizer presente no auto de infração, desobriga o órgão ou entidade de

> trânsito a expedir a notificação da autuação no prazo de trinta dias, como prevê o artigo 281, parágrafo único, inciso II, do CTB (ainda que inexigível o prazo, o documento deve ser enviado ao proprietário do veículo, para sua ciência) – de acordo com o artigo 3º, §§ 5º e 6º da Resolução n. 619/16, a assinatura do infrator só valerá como notificação da autuação, se o condutor também for proprietário do veículo e, ainda, se constar, do auto de infração, o prazo para apresentação da defesa da autuação.

A assinatura da infração de trânsito é um ato de ciência do condutor infrator, não um ato de concordância. O que o condutor pode ganhar se não assinar? O prazo prescricional, caso a autoridade de trânsito não registre a infração em 30 dias após seu cometimento.

Requisitos

O legislador inseriu algumas exigências para o AIT ser lavrado, as quais estão disciplinadas nos quatro parágrafos do art. 280 do CTB. Todavia, o parágrafo 1º foi vetado. Vamos analisar aqueles que estão em vigor.

O parágrafo 2º do art. 280 do CTB assim estabelece: "A infração deverá ser comprovada por declaração da Autoridade ou do agente da Autoridade de Trânsito, por aparelho eletrônico ou por equipamento audiovisual, reações químicas ou qualquer outro meio tecnologicamente disponível, previamente regulamentado pelo CONTRAN" (Brasil, 1997). No primeiro estágio, temos a figura da autoridade de trânsito com circunscrição sobre a via ou o agente da autoridade de trânsito com delegação da respectiva autoridade. Essa primeira frase busca descrever quem tem efetivamente capacidade para a realização do AIT. É notório destacar que aquele agente de trânsito com poderes concedidos pela autoridade de trânsito com circunscrição sobre a via deverá presenciar o suposto cometimento da infração de trânsito, sendo vedado ao agente presumir tal fato (não cabe o popular "achismo") ou realizar o AIT motivado por informações de terceiro, independentemente de esse terceiro ser ou não agente de trânsito.

Nesse mesmo parágrafo, o legislador originário estabeleceu que alguns equipamentos poderão ser responsáveis pela constatação da infração. Todavia, aquilo que o equipamento constatou deverá ser convalidado por um agente da autoridade de trânsito. Um exemplo claro que pode ser utilizado é quanto às notificações realizadas por aparelhos eletrônicos, que têm como objetivo identificar os veículos que ultrapassam a velocidade (o conhecido *radar*) da via em determinado momento. O sistema coleta a imagem do veículo por meio de uma foto, indicando marca e modelo. A partir disso, um agente de trânsito irá visualizar a imagem e verificar se o veículo que aparece na imagem digital gerada pelo sistema confere com os dados disponibilizados pelo próprio sistema. Caso a imagem esteja devidamente vinculada com o descritivo da foto, o agente de trânsito valida o AIT. Esse processo é simples e muito rápido, mas necessita de agente de trânsito para sua validação. Outro exemplo oportuno seria o caso dos etilômetros, os chamados *bafômetros*. O agente de trânsito disponibiliza e orienta o condutor fiscalizado a fazer o teste soprando o aparelho. Logo após o condutor soprar, o aparelho verifica, pelo ar expelido, se existe influência de álcool no condutor fiscalizado. O etilômetro, na maioria das vezes, lança um laudo impresso. Se os indicativos desse laudo configurarem a conduta de embriaguez, o agente de trânsito executará o AIT, de forma manual ou eletrônica. Em seguida, a legislação, quando dispõe sobre as espécies de aparelho que poderão ser utilizados para a configuração do AIT, contempla uma condição no final do parágrafo: "previamente regulamentado pelo CONTRAN" (Brasil, 1997), o que significa que o Contran deverá estabelecer algumas condições e os tipos de aparelhos que serão utilizados para esse tipo de fiscalização. O Contran, por meio de resolução, especificará também o tempo de vida útil de cada aparelho, além do período da aferição necessária pelo Instituto Nacional de Metrologia, Qualidade e Tecnologia (Inmetro) ou por instituição por ele credenciada.

O segundo pressuposto estabelecido pelo art. 280 está positivado no parágrafo 3º: "não sendo possível a autuação em flagrante, o agente de trânsito relatará o fato à Autoridade no próprio Auto de Infração, informando os dados a respeito do veículo, além dos constantes nos incisos I, II e III, para o procedimento previsto no artigo seguinte" (Brasil, 1997). Nesse parágrafo, o legislador previu os casos em que o agente da autoridade de trânsito não pode identificar o condutor do veículo que teria "supostamente" cometido uma infração de trânsito. Seriam os casos de: condutor de veículo que passou pelo agente de trânsito cometendo alguma infração de trânsito ou foi visualizada alguma irregularidade aparente no veículo, mas não foi possível a abordagem do condutor, em razão de não haver condições de segurança para abordagem e identificação; condutor que não teria obedecido à ordem de parada; veículo que passou em alta velocidade, impossibilitando sua abordagem; e outros motivos que, pelo contexto do momento, impossibilitaram o agente de trânsito de realizar a identificação do condutor e aplicar as medidas administrativas estabelecidas no CTB.

A última condição que vincula a realização da infração de trânsito é o parágrafo 4º do art. 280 do CTB, que dispõe: "O agente da Autoridade de Trânsito competente para lavrar o Auto de Infração poderá ser servidor civil, estatutário ou celetista ou, ainda, policial militar designado pela Autoridade de Trânsito com jurisdição sobre a via no âmbito de sua competência" (Brasil, 1997). Esse parágrafo descreve quem pode ser agente da autoridade de trânsito, das respectivas autoridades com circunscrição sobre as determinadas vias. O Anexo I do CTB traz a definição: "Agente da autoridade de trânsito – pessoa, civil ou policial militar, credenciada pela Autoridade de Trânsito para o exercício das atividades de fiscalização, operação, policiamento ostensivo de trânsito ou patrulhamento" (Brasil, 1997). Deve existir uma vinculação entre a missão legal do servidor contratado e a fiscalização de trânsito, cabendo uma ressalva sobre esse contexto. O conceito do Anexo I do agente de trânsito tem certa vinculação com o parágrafo 4º do art. 280. O CTB, originalmente, não previa a possibilidade de fiscalização de trânsito urbano nas cidades por parte de servidores das Guardas Municipais. Entretanto, o Estatuto Geral das Guardas Municipais – Lei n. 13.022, de 8 de agosto de 2014 –, em seu art. 5º, inciso VI, inseriu a seguinte redação: "exercer as competências de trânsito que lhes forem conferidas, nas vias e logradouros municipais, nos termos da Lei n. 9.503, de 23 de setembro de 1997 (Código de Trânsito Brasileiro), ou de forma concorrente, mediante convênio celebrado com órgão de trânsito estadual ou municipal" (Brasil, 2014). Logo, os servidores das Guardas Municipais poderão ser agentes da autoridade de trânsito.

Recursos

Há duas esferas recursais, contudo, na prática, existem quase três. Trata-se de entendimento complexo, mas é isso que acontece. Vejamos.

O primeiro grau recursal é a Junta Administrativa de Recursos de Infração (Jari), vinculada à autoridade de trânsito que emitiu a notificação de trânsito. A segunda instância é denominada, nos estados, de *Conselho Estadual de Trânsito* (Cetran) e, no Distrito Federal, de *Conselho de Trânsito do Distrito Federal* (Contradife). Na prática, o Contradife julga os recursos julgados pelas Jaris dos respectivos estados, ou seja, realiza o reexame daquilo que foi julgado na Jari, quando provocado.

De maneira simples, estariam explicadas as duas esferas recursais, contudo, existe a Defesa Prévia, que está vinculada ao órgão ou à autoridade que emitiu a notificação. Essa Defesa Prévia julga a admissibilidade do AIT, levando em consideração os critérios formais na lavratura do auto – por exemplo, AIT com rasura, erro de preenchimento, ausência de dados necessários para a confecção, entre outros.

Não existe a obrigatoriedade de interpor recurso diante da Defesa Prévia para, na sequência, recorrer à Jari, ou seja, o requerente pode direcionar seus argumentos diretamente à Jari, e esta, por sua vez, irá analisar o mérito.

Existe a possibilidade de recurso no Contran em alguns casos, conforme comenta Araujo (2020f):

> Conselho Nacional de Trânsito – CONTRAN, apenas no caso de recursos contra multas de natureza gravíssima, por infrações de trânsito cometidas em rodovias federais (embora o artigo 289, I, 'a', estabeleça competência do CONTRAN para julgamento também de recursos contra a suspensão do direito de dirigir por mais de 6 meses ou cassação do documento de habilitação, aplicados por órgão da União, tal não ocorre, tendo em vista que as penalidades de suspensão, independente do prazo, e de cassação SEMPRE são aplicadas pelos órgãos executivos de trânsito dos ESTADOS e DF, o que vincula a atribuição dos Conselhos Estaduais – trata-se de erro de redação da norma).

Após o condutor ser cientificado da lavratura do AIT por supostamente ter cometido uma infração de trânsito, poderá recorrer tão logo receba uma cópia do AIT elaborado pelo respectivo agente da autoridade de trânsito. Essa reclamatória, ou recurso, poderá ser interposta no caso de o condutor ser o proprietário do veículo e na própria cópia do AIT que recebeu estará indicado o prazo para recurso.

Outra possibilidade de interposição de recurso seria após o recebimento da notificação de trânsito por meio do serviço postal, correio eletrônico ou edital público. A autoridade de trânsito competente para expedir a notificação tem o prazo de 30 dias para fazê-lo. Em tese, a autoridade de trânsito tem 30 dias entregar a notificação para o envio pelos Correios (ou por qualquer outro serviço postal licenciado no país). Existe a possibilidade, desde 2016, de o condutor ser notificado por *e-mail*. Tão logo o cadastro tenha sido realizado com sucesso, após 30 dias, o condutor/proprietário apontado como suposto "responsável" pelo cometimento da infração poderá, então, ser notificado via *e-mail*.

Ainda existe uma última possibilidade, que engloba os dois parágrafos anteriores. No primeiro parágrafo, o condutor só poderá ter o prazo inicial para recurso computado se assinar o AIT. O segundo parágrafo menciona o envio da notificação ao condutor/proprietário, abrindo prazo recursal. Nessa última hipótese, o condutor é notificado da ocorrência da infração de trânsito, mas recusa-se a assinar o AIT, caso em que o prazo iniciará somente após a notificação por qualquer um dos meios apontados no parágrafo anterior.

Nesse contexto, Araujo (2020e, grifo nosso) afirma o que segue:

> prazo máximo de trinta dias, para que seja expedida a notificação da **autuação**, exigência sobre a qual apresento três explicações adicionais: I) quando utilizada a remessa postal, a expedição se caracteriza pela entrega da notificação à empresa responsável pelo seu envio (artigo 3º, § 1º, da Resolução n. 404/12); II) não há prazo máximo para a expedição da **segunda** notificação, isto é, da **penalidade** (multa propriamente dita), desde que não tenha ocorrido o prazo prescricional da ação punitiva, que é de cinco anos; e III) não incidirá este prazo máximo, quando o auto for assinado pelo condutor e este for o proprietário do veículo, conforme artigo 280, inciso VI, do CTB, e artigo 2º, § 5º, da Resolução n. 404/12.

Assim, não existe um prazo para análise do recurso, mas este não poderá exceder a cinco anos em todas as esferas recursais, conforme art. 1º da Lei n. 9.873, de 23 de novembro de 1999: "Prescreve em cinco anos a ação punitiva da Administração Pública Federal, direta e indireta, no exercício do poder de polícia, objetivando apurar infração à legislação em vigor, contados da data da prática do ato ou, no caso de infração permanente ou continuada, do dia em que tiver cessado" (Brasil, 1999). Em resumo, existe o prazo somente para expedir a notificação, mas não há previsão legal para a notificação de penalidade, somente o previsto na lei ora citada.

Para saber mais

Para mais informações sobre as formas de recursos das infrações de trânsito, acesse o *site* do Detran de seu estado, bem como os *sites* do Contran e do Denatran, a seguir indicados:
CONTRAN – Conselho Nacional de Trânsito. **Resoluções**. Disponível em: <https://www.gov.br/infraestrutura/pt-br/assuntos/transito/conteudo-denatran/resolucoes-contran>. Acesso em: 5 nov. 2020.
DENATRAN – Departamento Nacional de Trânsito. Disponível em: <https://www.gov.br/infraestrutura/pt-br/assuntos/denatran>. Acesso em: 5 nov. 2020.

Síntese

Neste capítulo, tratamos das medidas administrativas, as ferramentas estabelecidas pela legislação para que a autoridade trânsito execute as medidas punitivas previstas no CTB, e do auto de infração de trânsito (AIT), um documento usado pelo agente da autoridade de trânsito para fazer a identificação da infração cometida. Conforme vimos, o recurso de notificação de trânsito ou de medida administrativa não é algo tão simples de conseguir êxito, exige conhecimento específico e análise minuciosa das medidas impetradas pelo Estado.

Questões para revisão

1. Quais são os níveis recursais existentes na esfera administrativa?

2. Qual o critério essencial para a autoridade de trânsito comprovar e registrar a infração supostamente cometida?

3. Se o veículo aprendido não foi conduzido por um guincho até o pátio designado pela autoridade de trânsito, pode haver cobrança de taxa de guincho?
   a. É possível, tendo em vista que é cobrada taxa de remoção.
   b. Não é possível, uma vez que o Detran cobra taxa de guinchamento.
   c. Se o condutor concordar que seu veículo pode ir sem o guincho, poderá ser cobrado.
   d. Nenhuma das alternativas anteriores.

4. Sobre a retenção do veículo, prevista no art. 270 do CTB, é **incorreto** afirmar:
   a. Quando um menor de idade for abordado na direção de veículo automotor, não existe a possibilidade de liberação do veículo para condutor devidamente habilitado.
   b. Se o caminhão estiver carregado com carga perecível e estiver não licenciado, poderá ser liberado após a notificação pelo art. 270, parágrafo 5º, do CTB.
   c. Se o veículo estiver durante o dia com o farol queimado, após notificação, não poderá ser liberado, de acordo com o disposto no art. 270, parágrafo 2º, do CTB.
   d. Se o condutor estiver dirigindo sem o uso de lentes corretivas, quando obrigatório, após colocar as respectivas lentes, o agente de trânsito poderá liberar o veículo no local da abordagem.

5. Assinale, a seguir, a alternativa **incorreta**:
   a. O primeiro grau de recurso é a Jari e o segundo é o Cetran, ou Contradife no Distrito Federal.
   b. O auto de infração é peça informativa que subsidia a autoridade de trânsito na aplicação das penalidades e sua consistência está na perfeita caracterização da infração, devendo ser preenchido de acordo com as disposições contidas no art. 280 do CTB e demais normas regulamentares, com registro dos fatos que fundamentaram sua lavratura.
   c. Local, data e hora são requisitos do auto de infração de trânsito.
   d. A autoridade de trânsito competente tem prazo de 90 dias para notificar o condutor ou o proprietário sobre a notificação de trânsito.

Questões para reflexão

1. Você já recorreu de alguma notificação de trânsito? Conseguiu êxito em seu recurso?
2. Você concorda com as medidas para retenção do veículo previstas no art. 270, parágrafo 2º, do CTB?

✦ ✦ ✦

capítulo seis

Crimes de trânsito

Conteúdos do capítulo:

* Peculiaridades dos crimes de trânsito.
* Crimes de trânsito mais frequentes.

Após o estudo deste capítulo, você será capaz de:

1. compreender as especificidades dos crimes de trânsito;
2. identificar os crimes de trânsito mais frequentes e seus principais elementos caracterizadores.

Analisaremos, neste capítulo, os crimes de trânsito que aparecem com maior frequência para os agentes da autoridade de trânsito no dia a dia de suas atividades profissionais.

Os crimes de trânsito apresentam suas peculiaridades, e uma delas está descrita no art. 301 do Código de Trânsito Brasileiro (CTB) – Lei n. 9.503, de 23 de setembro de 1997: "Ao condutor de veículo, nos casos de acidentes de trânsito de que resulte vítima, não se imporá a prisão em flagrante, nem se exigirá fiança, se prestar pronto e integral socorro àquela" (Brasil, 1997). Embora essa questão seja definida pela autoridade policial (delegado de polícia) no primeiro momento e, na sequência, pela autoridade judiciária (juiz de direito com jurisdição para análise do caso), trata-se de uma especificidade em relação às demais normas penais vigentes.

6.1 *Homicídio culposo*

O art. 302 do CTB traz a seguinte redação:

> Art. 302. Praticar homicídio culposo na direção de veículo automotor:
>
> Penas – detenção, de dois a quatro anos, e suspensão ou proibição de se obter a permissão ou a habilitação para dirigir veículo automotor.
>
> § 1º No homicídio culposo cometido na direção de veículo automotor, a pena é aumentada de 1/3 (um terço) à metade, se o agente:
>
> I – não possuir Permissão para Dirigir ou Carteira de Habilitação;
>
> II – praticá-lo em faixa de pedestres ou na calçada;

> III – deixar de prestar socorro, quando possível fazê-lo sem risco pessoal, à vítima do acidente;
>
> IV – no exercício de sua profissão ou atividade, estiver conduzindo veículo de transporte de passageiros.
>
> [...]
>
> § 3º Se o agente conduz veículo automotor sob a influência de álcool ou de qualquer outra substância psicoativa que determine dependência:
>
> Penas – reclusão, de cinco a oito anos, e suspensão ou proibição do direito de se obter a permissão ou a habilitação para dirigir veículo automotor. (Brasil, 1997)

Esse crime relata a possibilidade de homicídio na direção de veículo automotor apenas na modalidade culposa. Existe uma grande discussão doutrinária sobre os temas da culpa consciente (fato ocorre sem a vontade do agente ativo e este não previa os possíveis resultados) e dolo eventual (o agente pratica a conduta sem a intenção de matar alguém, mas conhece os riscos de sua atitude e, mesmo assim, continua a ação). Ambos os temas são construções doutrinárias e jurisprudenciais que não estão positivadas em nosso ordenamento jurídico brasileiro. Logo, de modo simples, se o condutor acusado da prática de homicídio culposo, previsto no art. 302 do CTB, não tinha a vontade de utilizar o veículo como arma para tentar matar alguém, estaremos diante de um caso de homicídio culposo na direção de veículo automotor.

Agora, se o condutor utiliza de seu veículo com o objetivo de atropelar outra pessoa, por exemplo, estaremos diante de um caso de homicídio doloso, previsto no art. 121 do Código Penal – Decreto-Lei n. 2.848, de 7 de dezembro de 1940 (Brasil, 1940).

A diferença entre *culpa consciente* e *dolo eventual*, doutrinária e conceitualmente, é de fácil interpretação, o complicado é o juiz de direito, diante do caso concreto, ter a perfeita noção, tendo em vista que o limite entre as duas modalidades é muito tênue e o réu irá pautar sua defesa na culpa consciente, que tem uma penalidade bem menor.

6.2 *Lesão corporal culposa*

O art. 303 do CTB traz a lesão corporal tipificada, mas o dispositivo não faz referência à gravidade da lesão, sendo o único critério a culpabilidade:

> Art. 303. Praticar lesão corporal culposa na direção de veículo automotor:
>
> Penas – detenção, de seis meses a dois anos e suspensão ou proibição de se obter a permissão ou a habilitação para dirigir veículo automotor.
>
> § 1º Aumenta-se a pena de 1/3 (um terço) à metade, se ocorrer qualquer das hipóteses do § 1o do art. 302.
>
> § 2º A pena privativa de liberdade é de reclusão de dois a cinco anos, sem prejuízo das outras penas previstas neste artigo, se o agente conduz o veículo com capacidade psicomotora alterada em razão da influência de álcool ou de outra substância psicoativa que determine dependência, e se do crime resultar lesão corporal de natureza grave ou gravíssima. (Brasil, 1997)

O crime de lesão corporal culposa segue entendimento similar ao crime de homicídio culposo no que se refere à interpretação de *dolo* e *culpa*. Além disso, o crime do art. 303 do CTB incorpora como agravante todas as condutas descritas para o crime de homicídio culposo na direção de veículo automotor previsto no art. 302 do CTB. Cabe também ressaltar o aumento da pena para o crime nas situações em que o condutor está sob efeito de álcool ou de outra substância psicoativa que determine dependência.

O art. 291 do CTB ainda faz uma ressalva quanto a esse crime de lesão corporal: se o sujeito ativo do crime estiver sob influência de álcool ou qualquer outra substância psicoativa que determine dependência, ou participando, em via pública, de corrida, disputa ou competição automobilística, de exibição ou demonstração de perícia em manobra de veículo automotor, não autorizada pela autoridade competente; ou ainda, transitando em velocidade superior à máxima permitida para a via em 50 km/h (cinquenta quilômetros por hora), deverão ser aplicados os arts. 74, 76 e 88 da Lei n. 9.099, de 26 de setembro de 1995, os quais estabelecem o seguinte:

> Art. 74. A composição dos danos civis será reduzida a escrito e, homologada pelo Juiz mediante sentença irrecorrível, terá eficácia de título a ser executado no juízo civil competente.
>
> Parágrafo único. Tratando-se de ação penal de iniciativa privada ou de ação penal pública condicionada à representação, o acordo homologado acarreta a renúncia ao direito de queixa ou representação.
>
> [...]
>
> Art. 76. Havendo representação ou tratando-se de crime de ação penal pública incondicionada, não sendo caso de arquivamento, o Ministério Público poderá propor a aplicação imediata de pena restritiva de direitos ou multas, a ser especificada na proposta.
>
> § 1º Nas hipóteses de ser a pena de multa a única aplicável, o Juiz poderá reduzi-la até a metade.
>
> § 2º Não se admitirá a proposta se ficar comprovado:

i – ter sido o autor da infração condenado, pela prática de crime, à pena privativa de liberdade, por sentença definitiva;

ii – ter sido o agente beneficiado anteriormente, no prazo de cinco anos, pela aplicação de pena restritiva ou multa, nos termos deste artigo;

iii – não indicarem os antecedentes, a conduta social e a personalidade do agente, bem como os motivos e as circunstâncias, ser necessária e suficiente a adoção da medida.

§ 3º Aceita a proposta pelo autor da infração e seu defensor, será submetida à apreciação do Juiz.

§ 4º Acolhendo a proposta do Ministério Público aceita pelo autor da infração, o Juiz aplicará a pena restritiva de direitos ou multa, que não importará em reincidência, sendo registrada apenas para impedir novamente o mesmo benefício no prazo de cinco anos.

§ 5º Da sentença prevista no parágrafo anterior caberá a apelação referida no art. 82 desta Lei.

§ 6º A imposição da sanção de que trata o § 4º deste artigo não constará de certidão de antecedentes criminais, salvo para os fins previstos no mesmo dispositivo, e não terá efeitos civis, cabendo aos interessados propor ação cabível no juízo cível.

[...]

Art. 88. Além das hipóteses do Código Penal e da legislação especial, dependerá de representação a ação penal relativa aos crimes de lesões corporais leves e lesões culposas. (Brasil, 1995)

Diante dos três artigos ora citados, os arts. 74 e 76 disciplinam as hipóteses, respectivamente, de reparação do dano material e de direcionamento do caso pelo magistrado quando o réu não for reincidente e as condições sejam a ele favoráveis. Com relação ao art. 88, que cita a hipótese de lesão corporal leve, a legislação não especifica, de modo expresso, o que seria *lesão leve*; pelo critério de eliminação, podemos entender que a lesão leve é aquela em que a vítima fica impossibilitada, durante menos de 30 dias, de suas atividades habituais, não constituindo perigo a vida, não gerando debilidade permanente de membro, função ou sentido e, ainda, não acelerando o parto na eventualidade de a vítima ser gestante.

6.3 *Crime de embriaguez ao volante*

O crime de embriaguez, previsto no art. 306 do CTB, requer o preenchimento de alguns requisitos similares à infração administrativa de embriaguez (arts. 165 e 165-A do CTB). Para a configuração do crime, leva-se em consideração se o condutor apresenta sinais de embriaguez ou se recusa a realizar o teste do etilômetro. Contudo, aquele condutor que for flagrado e aceitar fazer o teste de alcoolemia, por meio do aparelho etilômetro, terá um tratamento diferenciado, tendo em vista que o condutor poderá não atingir os limites estabelecidos na legislação para a configuração tanto do crime quanto da infração administrativa. Para a caracterização da infração, não há limite de tolerância, existe o "limite" 0,05 mg/l de unidade ar alveolar, por uma questão de segurança técnica do equipamento de fiscalização. O art. 306 do CTB exige um limite mínimo para a configuração do crime, no caso, concentração igual ou superior a 6 decigramas de álcool por litro de sangue ou igual ou superior a 0,3 miligrama de álcool por litro de ar alveolar. No entanto, o indicativo 0,3 miligrama de álcool por litro de ar alveolar tem uma margem de tolerância técnica prevista pela Resolução n. 432, de 23 de janeiro de 2013, do Conselho Nacional de Trânsito (Contran, 2013a), sendo considerado crime só a partir de 0,34 miligrama de álcool – pequena diferença, mas uma margem de tolerância por se tratar de um equipamento técnico que realiza a medição.

Logo, no caso de um condutor ser flagrado e realizar o exame de alcoolemia no etilômetro, sendo constatado, por exemplo, o índice 0,21 miligrama de álcool por litro de ar alveolar, ele estará inserido na infração administrativa do art. 165 do CTB, contudo, não poderá ser responsabilizado pelo crime do art. 306 da mesma legislação.

Outro aspecto importante é a inexistência de relação entre o crime de embriaguez e a infração administrativa prevista no art. 165-A do CTB. Não existe crime para aquela conduta na qual o condutor não apresenta sinais de embriaguez, todavia responde administrativamente pela sua recusa em realizar o exame de alcoolemia. Conforme as possibilidades previstas no crime, essa última não tem correspondência.

Um aspecto que acaba sendo problemático na configuração da infração administrativa do art. 165 do CTB e também do crime do art. 306 do mesmo diploma legal é a parte do enunciado jurídico, de ambos os artigos, quando fazem referência à "substância psicoativa que determine dependência" (Brasil, 1997). Por exemplo, um condutor flagrado estando só sob efeito de algum tipo de substância proibida para a direção de veículo, tanto álcool quanto substância psicoativa, aceita realizar o exame de alcoolemia no etilômetro, mas o teste não acusa nada. Nesse caso, o agente da autoridade de trânsito está em uma situação um pouco complicada, porque existe um meio de prova conferido pela autoridade de trânsito para aferição de possível irregularidade por parte do condutor, e esse meio de prova indicou que não existe nada de errado. Ou seja, o comportamento do condutor não demonstra normalidade, mas o etilômetro não consegue aferir o uso de substância entorpecente por parte deste. Diante da situação, caberá ao agente tentar buscar alguma outra prova de que aquele condutor usou, por exemplo, *cannabis*, a popular "maconha". O que poderia configurar tal uso seria encontrar dentro do veículo algo que indique que aquele condutor consumiu alguma substância proibida pela legislação. Contudo, esse nexo causal deverá estar bem evidenciado pelo contexto da situação. Em outras palavras, não poderá o agente de trânsito apenas supor que o condutor fez uso de substância entorpecente.

6.4 *Crime de suspensão de CNH*

Lendo de maneira objetiva, o agente da autoridade de trânsito poderia não ter nenhuma dúvida na aplicabilidade do art. 307 do CTB:

> Art. 307. Violar a suspensão ou a proibição de se obter a permissão ou a habilitação para dirigir veículo automotor imposta com fundamento neste Código:
>
> Penas – detenção, de seis meses a um ano e multa, com nova imposição adicional de idêntico prazo de suspensão ou de proibição.
>
> Parágrafo único. Nas mesmas penas incorre o condenado que deixa de entregar, no prazo estabelecido no § 1º do art. 293, a Permissão para Dirigir ou a Carteira de Habilitação. (Brasil, 1997)

No entanto, se o agente de trânsito parar para pensar, chegará a uma dúvida: O artigo está fazendo menção à punição imposta pela autoridade de trânsito ou àquela oriunda de sentença criminal proferida pelo Poder Judiciário?

O trecho a seguir traz um exemplo e vinculação legal, explicando bem o caso:

João praticou uma série de infrações de trânsito e atingiu mais de 20 pontos no prazo de 12 meses.

Diante disso, foi instaurado processo administrativo, e o DETRAN/SP aplicou a ele, como sanção administrativa, a suspensão do direito de dirigir, prevista no art. 256 do CTB:

> Art. 256. A autoridade de trânsito, na esfera das competências estabelecidas neste Código e dentro de sua circunscrição, deverá aplicar, às infrações nele previstas, as seguintes penalidades:
>
> [...]
>
> III – suspensão do direito de dirigir;
>
> Art. 261. A penalidade de suspensão do direito de dirigir será imposta nos seguintes casos:
>
> I – sempre que o infrator atingir a contagem de 20 (vinte) pontos, no período de 12 (doze) meses, conforme a pontuação prevista no art. 259;
>
> [...]

João não deu a mínima para a punição e continuou dirigindo como se nada tivesse acontecido. Ocorre que, dois meses depois, foi parado em uma blitz de trânsito.

Constatado que ele estava dirigindo mesmo com a habilitação suspensa, João foi denunciado pelo Ministério Público como incurso nas penas do art. 307 do CTB:

> Art. 307. Violar a suspensão ou a proibição de se obter a permissão ou a habilitação para dirigir veículo automotor imposta com fundamento neste Código:
>
> Penas – detenção, de seis meses a um ano e multa, com nova imposição adicional de idêntico prazo de suspensão ou de proibição.

> Parágrafo único. Nas mesmas penas incorre o condenado que deixa de entregar, no prazo estabelecido no § 1º do art. 293, a Permissão para Dirigir ou a Carteira de Habilitação.

O advogado de João argumentou, em sua defesa, que a conduta por ele praticada não se amolda ao art. 307 do CTB. Isso porque somente haveria o referido crime quando a suspensão do direito de dirigir tivesse sido imposta por autoridade judicial.

Assim, para a defesa, não haveria o delito nos casos em que o agente descumpriu a suspensão do direito de dirigir aplicada administrativamente, ou seja, imposta por autoridade de trânsito.

A tese da defesa foi acolhida pelo STJ? O crime do art. 307 do CTB somente se verifica em caso de violação de suspensão ou proibição de dirigir imposta por decisão judicial?

SIM.

A suspensão ou proibição de se obter a permissão ou a habilitação para dirigir veículo automotor é uma pena acessória, de natureza criminal, prevista no art. 292 do CTB, que está localizado, topograficamente, no Capítulo XIX, justamente o capítulo que trata sobre os crimes de trânsito. Veja:

> Art. 292. A suspensão ou a proibição de se obter a permissão ou a habilitação para dirigir veículo automotor pode ser imposta isolada ou cumulativamente com outras penalidades.

Desse modo, resta evidente que o legislador quis qualificar a suspensão ou proibição para dirigir veículo automotor como sendo uma pena de natureza penal.

> Logo, quando o art. 307 fala em "violar a suspensão ou a proibição de se obter a permissão ou a habilitação para dirigir veículo automotor", ele está se referindo à sanção criminal imposta com base no art. 292 do CTB. [...]
> (Cavalcante, 2019, grifo do original)

Agora ficou simples a análise: se não houver sentença judicial estabelecendo a suspensão do direito de dirigir, não se menciona o art. 307 do CTB.

6.5 Praticar corrida não autorizada em via pública

Esse crime vai trabalhar as situações de racha, corrida, manobras perigosas e qualquer outro tipo de manobra exibicionista que não tenha relação alguma com a direção segura em via pública. O dispositivo do CTB que trata dessas condutas é o art. 308:

> Art. 308. Participar, na direção de veículo automotor, em via pública, de corrida, disputa ou competição automobilística ou ainda de exibição ou demonstração de perícia em manobra de veículo automotor, não autorizada pela autoridade competente, gerando situação de risco à incolumidade pública ou privada:
>
> Penas – detenção, de 6 (seis) meses a 3 (três) anos, multa e suspensão ou proibição de se obter a permissão ou a habilitação para dirigir veículo automotor.

> § 1º Se da prática do crime previsto no caput resultar lesão corporal de natureza grave, e as circunstâncias demonstrarem que o agente não quis o resultado nem assumiu o risco de produzi-lo, a pena privativa de liberdade é de reclusão, de 3 (três) a 6 (seis) anos, sem prejuízo das outras penas previstas neste artigo.
>
> § 2º Se da prática do crime previsto no caput resultar morte, e as circunstâncias demonstrarem que o agente não quis o resultado nem assumiu o risco de produzi-lo, a pena privativa de liberdade é de reclusão de 5 (cinco) a 10 (dez) anos, sem prejuízo das outras penas previstas neste artigo. (Brasil, 1997)

Existe, ainda, a contravenção penal prevista no art. 34 do Decreto-Lei n. 3.688, de 3 de outubro de 1941: "Dirigir veículos na via pública, ou embarcações em águas públicas, pondo em perigo a segurança alheia" (Brasil, 1941a). Entretanto, o art. 308 do CTB é mais específico e, pelo princípio geral do direito penal, entre uma legislação geral e uma específica, prevalece a específica, nesse caso, a redação do CTB.

O enunciado jurídico do art. 308 do CTB prevê três possibilidades para a configuração do crime: a primeira delas, a corrida; a segunda, a disputa ou competição automobilística; e a última, a demonstração ou exibição de manobras. Se a conduta tiver vinculação com alguma das três condições, ainda deverão ser observados alguns requisitos, como: o(s) envolvido(s) deve(rão), para a prática do crime, estar de posse de veículo automotor; não poderá ser um evento autorizado pelo Poder Público; e deverá ocorrer em via pública. Logo, não basta apenas estar presente um desses requisitos; eles devem ocorrer concomitantemente para a configuração do crime.

6.6 Não possuir CNH ou estar impossibilitado legalmente para dirigir

O art. 309 do CTB dispõe: "Dirigir veículo automotor, em via pública, sem a devida Permissão para Dirigir ou Habilitação ou, ainda, se cassado o direito de dirigir, gerando perigo de dano" (Brasil, 1997). Nesse dispositivo, há basicamente duas condutas: a primeira delas faz referência àquele condutor que não tem habilitação (Carteira Nacional de Habilitação – CNH ou Permissão para Dirigir –PPD); a segunda conduta refere-se àquele condutor que está com o direito de dirigir cassado. Ambas as condutas estão condicionadas à última expressão do enunciado jurídico "gerando perigo de dano".

A expressão "gerando perigo de dano" requer que seja algo concreto, não pode ser um dano abstrato. O agente da autoridade de trânsito deverá atentar para o seguinte: o perigo concreto tem de ser expressado por ações ou danos – por exemplo, condutor que faz zigue-zague, avança o sinal vermelho ou se envolve em acidente, entre outros. O simples fato de o condutor estar dirigindo sem habilitação, sem nenhuma ação que configure perigo concreto, apenas configurará infração de trânsito prevista nas hipóteses do art. 162 do CTB.

6.7 Crime de permitir ou entregar a direção

O art. 310 do CTB é um crime não necessariamente derivado, mas ligado ao art. 309 do CTB. Vamos à redação do crime: "Permitir, confiar ou entregar a direção de veículo automotor a pessoa não habilitada, com habilitação cassada ou com o direito de dirigir suspenso, ou, ainda, a quem, por seu estado de saúde, física ou mental, ou por embriaguez, não esteja em condições de conduzi-lo com segurança" (Brasil, 1997).

Vale, mais uma vez, a distinção entre os verbos *permitir* e *entregar*. No verbo *permitir*, o proprietário do veículo não está com o condutor no momento da abordagem ou da fiscalização. Por outro lado, no verbo *entregar*, o proprietário está junto ao veículo no momento da abordagem. O *confiar* seguirá o mesmo entendimento do verbo *permitir*.

São várias as condutas que podem gerar ao proprietário o cometimento do crime: condutor que não tem CNH, condutor com habilitação cassada, condutor com habilitação suspensa, condutor sem condições necessárias de saúde para dirigir, condutor sem condições físicas para dirigir ou, ainda, condutor sem condição mental para exercer a direção de veículo automotor. Em todas essas hipóteses, o condutor propriamente dito poderá não estar cometendo nenhum crime, apenas infração administrativa, mas o proprietário do veículo obrigatoriamente estará cometendo o crime previsto no art. 310 do CTB.

Para o presente dispositivo, não existe a interpretação de "gerando perigo de dano", previsto no art. 309 do CTB. Se o condutor estiver inserido em qualquer uma das seis hipóteses ora elencadas, o proprietário do veículo incidirá no crime do art. 310 do CTB.

Para saber mais

Há uma quantidade maior de autores que abordam os crimes de trânsito do que daqueles que tratam apenas de infrações de trânsito. Infrações exigem um conhecimento específico na área de trânsito, e os crimes têm uma vinculação maior com a legislação penal e processual penal. Confira as seguintes obras para aprofundamento do tema:

MARCÃO, R. F. **Crimes de trânsito**. 6. ed. São Paulo: Saraiva, 2019.

RIZZARDO, A. **Comentários ao Código de Trânsito Brasileiro**. 10. ed. Salvador: Juspodivm, 2019.

Síntese

Tratamos, neste capítulo, dos crimes de trânsito mais frequentes. Vimos que uma das características essenciais dos crimes de homicídio e de lesão corporal é que ambos só admitem a modalidade culposa. Com relação ao crime de embriaguez, a legislação mudou muito nos últimos anos, no sentido de que hoje temos algo considerado mais severo.

Questões para revisão

1. Qual a diferença entre dolo eventual e culpa consciente?
2. Quando um condutor comete infração de embriaguez, ele comete simultaneamente crime de embriaguez ao volante?
3. Qual condutor que, ao ser fiscalizado e não apresentar CNH, está sujeito ao crime previsto no art. 309 do CTB?
   a. Apenas os maiores de idade.
   b. Aquele condutor que colocar em risco os demais ocupantes da via pela maneira incorreta como está dirigindo o veículo no momento em que foi abordado.
   c. Somente os condutores que se envolverem em acidente de trânsito, independentemente de culpa no sinistro.
   d. Todas as alternativas anteriores estão corretas.
4. Assinale, a seguir, a alternativa correta:
   a. Só existirá o crime de suspensão do direito de dirigir quando houver sentença judicial determinando o fato.
   b. Se não estiver presente no momento da abordagem, o proprietário de veículo automotor que entrega veículo para condutor não habilitado não responderá pelo crime previsto no art. 310 do CTB.

c. Lesão corporal leve é aquela em que a vítima de acidente de trânsito fica afastada de suas atividades habituais por prazo inferior a 60 dias.

d. O CTB prevê homicídio doloso na direção de veículo automotor.

5. Assinale, a seguir, a alternativa **incorreta**:

   a. São diferentes os índices para configurar a infração e o crime de embriaguez ao volante.

   b. O CTB só contempla o crime de lesão corporal na modalidade culposa.

   c. Quando o condutor for flagrando dirigindo sob efeito de bebida alcoólica e se negar a realizar o teste de alcoolemia, por meio do aparelho etilômetro, esse mesmo condutor poderá responder pelo crime de embriaguez ao volante, desde que o agente de trânsito comprove a alteração na capacidade psicomotora alterada do condutor.

   d. Ao se envolver em um acidente de trânsito com vítima fatal, se o condutor estava dirigindo sob influência de bebida alcoólica, responderá pelos crimes previstos nos arts. 302 e 306 do CTB.

Questões para reflexão

1. Você criaria o crime de homicídio doloso na direção de veículo automotor?

2. Você alteraria a legislação do crime de embriaguez? Em quais aspectos?

3. O condutor que está dirigindo normalmente, sem nenhum erro na condução, deveria ser sancionado penalmente?

Estudo de caso

Para encerrar o conteúdo deste livro, como conto com mais de 10 anos de atividade de policiamento de trânsito, desde operações até gerenciamento de equipes de atendimento de acidentes de trânsito, apresentarei duas situações concretas para estudo: a primeira delas trata de um acidente de trânsito com repercussão nacional e a segunda reúne alguns casos sobre o uso do cinto de segurança.

1 Acidente de trânsito com vítimas fatais

Na época, eu era Coordenador do Policiamento do Batalhão de Polícia de Trânsito de Curitiba-PR (BPTran) e estava de serviço em uma noite fria do mês de maio de 2009 quando a Central de Emergência (Copom) passou uma ocorrência de acidente de trânsito, possivelmente com vítimas em óbito, no bairro Mossunguê. Diante da informação, desloquei-me para acompanhar a situação. Segue uma reportagem que relata os fatos:

> Há exatos **dez anos**, no dia 7 de maio de 2009, o então deputado estadual Fernando Ribas Carli Filho, de 26 anos, matou dois jovens enquanto dirigia bêbado e em alta velocidade pelas ruas de Curitiba. Na ocasião, o carro onde estavam Gilmar Rafael Souza Yared e Carlos Murilo de Almeida foi atingido em cheio pelo veículo do político no cruzamento das ruas Monsenhor Ivo Zanlorenzi e Paulo Gorski, no bairro Mossunguê.
>
> Ex-deputado a mais de 150 Km/h
>
> Uma perícia mostrou que o ex-deputado dirigia entre 161 Km/h e 173 Km/h no momento da colisão, além de estar com a Carteira Nacional de Habilitação (CNH) cassada. Testemunhos também afirmaram, durante o julgamento, que ele estava embriagado ao volante.
>
> Condenação de Carli

Em fevereiro de 2018, após anos de espera, as famílias das vítimas finalmente viram Fernando Carli passar por um júri popular e ser condenado por duplo homicídio com dolo eventual. A pena estipulada foi de nove anos e quatro meses de prisão em regime fechado. No entanto, em dezembro do mesmo ano, o Tribunal de Justiça do Paraná (TJ-PR) diminuiu a pena para sete anos e quatro meses de prisão em regime semiaberto. Atualmente, ele cumpre pena com tornozeleira eletrônica.

Mensagem de Christiane Yared

Em sua rede social, a deputada federal Christiane Yared, mãe de Gilmar, postou uma mensagem sobre os dez anos sem o filho e, segundo ela, sem Justiça. Leia na íntegra:

"Há dez anos, sinto o peso da dor. Sinto saudade do abraço, do cheiro, do sorriso. Há dez anos, também descobri que existe impunidade e a luta é grande. No dia 7 de maio de 2009, a vida da minha família mudou para sempre. Daria tudo para ouvir meu Gilmar Rafael me chamar de mãe mais uma vez", escreveu. (Berticelli, 2019, grifos do original)

Esse caso teve repercussão nacional. No dia dos fatos, ninguém sabia que a outra parte do acidente de trânsito era um deputado estadual do Estado do Paraná. Lembro que cheguei ao local com minha equipe, e os socorristas do Siate estavam dando atendimento ao ex-parlamentar, que corria risco de morte naquele momento.

Com certeza, em mais de 10 anos de serviço operacional na área de trânsito, essa foi a ocorrência que mais me marcou, primeiramente pela gravidade, pois a cena no local do acidente era terrível, e segundo, pelo debate jurídico. O Ministério Público denunciou o ex-deputado por entender que a conduta dele se moldava ao dolo eventual, caracterizada pelo suposto consumo de bebida alcoólica e excesso de velocidade. Já a defesa buscou desconstituir a argumentação do Ministério Público alegando que o réu não tinha intenção da prática do crime. O caso segue em discussão no Tribunal de Justiça do Estado do Paraná, após condenação do réu em primeira instância. O objetivo aqui não é atribuir responsabilidade a nenhuma das partes envolvidas e citamos os dados da ocorrência porque tal fato é noticiado até hoje pela imprensa.

2   Uso do cinto de segurança

Desde o primeiro acidente de trânsito em que coordenei o atendimento, uma circunstância sempre me chamou muito a atenção nos acidentes que ocorriam em via urbana: são pouquíssimos os acidentes em que se constatam óbitos no local, envolvendo veículos de quatro rodas, se o condutor e os passageiros estiverem usando cinto de segurança.

Embora os acidentes de trânsito com óbito tenham várias origens, entendo, por experiência de muitos anos no trânsito urbano, que os dois principais vilões que consomem vidas são o excesso de velocidade e a ausência do uso do cinto de segurança. Como citei, existem várias possibilidades, mas a experiência me fez concluir que essas são as principais causas.

Hoje, os veículos de quatro rodas são preparados para proteger seus ocupantes com maior eficiência do que os veículos projetados há 30 anos. Embora os veículos não raro fiquem destruídos, sem condições de ser reparados para voltar ao uso normal, muitas tecnologias foram desenvolvidas, das quais a principal delas talvez seja o *air bag*, entre tantas outras.

Somado ao uso do cinto de segurança, a velocidade abaixo dos 60 km/h na cidade contribui, e muito, para a redução da mortalidade no trânsito. Independentemente de outros fatores que possam gerar um acidente de trânsito no trânsito urbano, a baixa velocidade sempre protege vidas.

Consultando a legislação

Amplie o conhecimento da matéria tratada nesta obra consultando as seguintes legislações:

- Código Penal:

BRASIL. Decreto-Lei n. 2.848, de 7 de dezembro de 1940. **Diário Oficial da União**, Poder Executivo, Rio de Janeiro, RJ, 31 dez. 1940. Disponível em: <http://www.planalto.gov.br/ccivil_03/decreto-lei/del2848compilado.htm>. Acesso em: 13 out. 2020.

- Lei das Contravenções Penais:

BRASIL. Decreto-Lei n. 3.688, de 3 de outubro de 1941. **Diário Oficial da União**, Poder Executivo, Rio de Janeiro, RJ, 3 out. 1941. Disponível em: <http://www.planalto.gov.br/ccivil_03/decreto-lei/Del3688.htm>. Acesso em: 13 out. 2020.

- Código de Processo Penal:

BRASIL. Decreto-Lei n. 3.689, de 3 de outubro de 1941. **Diário Oficial da União**, Poder Executivo, Rio de Janeiro, RJ, 13 out. 1941. Disponível em: <http://www.planalto.gov.br/ccivil_03/decreto-lei/del3689.htm>. Acesso em: 13 out. 2020.

- Código de Trânsito Brasileiro:

BRASIL. Lei n. 9.503, de 23 de setembro de 1997. **Diário Oficial da União**, Poder Legislativo, Brasília, DF, 24 set. 1997. Disponível em: <http://www.planalto.gov.br/ccivil_03/leis/l9503.htm>. Acesso em: 13 out. 2020.

- Deliberações e portarias do Contran:

CONTRAN – Conselho Nacional de Trânsito. **Deliberações/Portarias Contran**. Disponível em: <https://www.gov.br/infraestrutura/pt-br/assuntos/transito/conteudo-contran/deliberacoes-denatran>. Acesso em: 13 out. 2020.

- Resoluções do Contran:

CONTRAN – Conselho Nacional de Trânsito. **Resoluções Contran**. Disponível em: <https://www.gov.br/infraestrutura/pt-br/assuntos/transito/conteudo-denatran/resolucoes-contran>. Acesso em: 13 out. 2020.

- Portarias do Denatran:

DENATRAN – Departamento Nacional de Trânsito. **Portarias Denatran**. Disponível em: <https://www.gov.br/infraestrutura/pt-br/assuntos/transito/conteudo-denatran/portarias-denatran>. Acesso em: 13 out. 2020.

Considerações finais

Há inúmeras obras, de qualidade destacável, que comentam ou anotam o Código de Trânsito Brasileiro (CTB), as quais são instrumentos de consulta e de trabalho para todos aqueles envolvidos com o assunto sobre fiscalização de trânsito.

O objetivo desta obra foi reunir, para os estudiosos do tema e para aqueles que trabalham com o assunto, informações pontuais, com base nas situações mais comuns do dia a dia do agente da autoridade de trânsito. Por esse motivo, abordamos os pontos do CTB com os quais os agentes mais se deparam em suas atividades laborais.

O brasileiro é, por natureza, acostumado a tentar se esquivar da responsabilidade por seus erros, sempre buscando contornar a situação, o que caracteriza o conhecido "jeitinho brasileiro". Trata-se da maneira "educada" de não se responsabilizar ou de não seguir as regras estabelecidas. E o condutor de veículo automotor brasileiro não é diferente: além de, muitas vezes de modo até consciente, não cumprir as regras de trânsito positivadas, também não quer ser responsabilizado pela inobservância quando flagrado por agente da autoridade de trânsito.

A grande maioria dos condutores infratores tenta, por vários modos diferentes, não receber a penalidade imposta pela legislação de trânsito. Para que isso não ocorra, o agente da autoridade de trânsito deve ter extremo zelo em sua atividade profissional, visando não deixar possíveis brechas para que condutores infratores possam ficar impunes. O princípio do contraditório e ampla defesa, consagrado pela Constituição Federal de 1988, permite que o indivíduo questione os atos do Poder Público e, diante disso, surgem as possibilidades de recursos administrativos contra as infrações de trânsito lavradas pelos agentes.

Se os procedimentos não forem realizados com esmero e zelo, todo o trabalho feito por aquele agente de trânsito poderá ser perdido, às vezes por um pequeno erro no preenchimento de algum formulário ou, ainda, por ter omitido alguma informação necessária.

Um agente da autoridade de trânsito representa a autoridade de trânsito e, portanto, seus atos devem ser revestidos de eficiência, sob pena de os atos da Administração Pública serem revistos a qualquer tempo pelo Poder Judiciário ou por colegiados recursais da própria Administração Pública.

Anos de experiência na atividade de fiscalização de trânsito ensinaram que a desejada disciplina consciente para um trânsito seguro é uma utopia, uma vez que a grande maioria dos condutores brasileiros (há exceções, é claro) só faz aquilo que está previsto no CTB quando está diante de algum modo de fiscalização, do contrário, o desrespeito à legislação de trânsito, em geral, é regra. Infelizmente, a educação no trânsito só vem a duras penas, sendo iniciada, principalmente, com a lavratura de um auto de infração de trânsito (AIT).

Se existe algo que o condutor brasileiro respeita é o bloco de notificações do agente de trânsito. Com uma notificação, o agente de trânsito pode impor severas consequências para o suposto condutor infrator, sendo as principais: recolhimento da CNH; apreensão do documento do veículo; multa com alto valor pecuniário; e, talvez a mais temida de todas, a remoção do veículo. O automóvel é, para o brasileiro, em regra, sua extensão, e apreendê-lo é como se uma parte afetiva da pessoa também lhe fosse tirada, independentemente da situação econômica, social ou cultural.

As operações de trânsito sempre causam bons resultados para a fiscalização de trânsito e geram um excelente efeito preventivo para o futuro. As operações bloqueio, tão temidas, tiram de circulação veículos irregulares que, por uma série de motivos, não deveriam estar trafegando em vias públicas. Somado a isso, esse tipo de operação sempre auxilia no quesito segurança pública, porque indivíduos procurados pela justiça são abordados com frequência. Além disso, são apreendidos veículos furtados/roubados, drogas e armas.

As infrações de trânsito nem sempre apresentam uma correlação com os crimes previstos nos arts. 302 ao 312 do CTB, mas todas elas contam com penalidades e medidas administrativas, as quais devem ser seguidas na íntegra pelos agentes da autoridade de trânsito. A aplicabilidade de medida administrativa diversa daquela estabelecida pelo CTB pode gerar nulidade do ato administrativo proferido pelo agente de trânsito e, como efeito secundário, esse agente poderá responder administrativamente pela sua falta perante o órgão da Administração direta ou indireta a que estiver vinculado.

Os crimes têm requisitos específicos que divergem daqueles estabelecidos para as infrações administrativas de trânsito. Outra peculiaridade dos crimes é a análise subjetiva de alguns conteúdos, como a expressão "gerando perigo de dano", algo que somente o caso concreto poderá definir. É necessária uma análise criteriosa para que o agente de trânsito não incorra em abuso de autoridade ao atribuir uma medida indevida para o caso.

A experiência ensina que somente o rigor da fiscalização poderá tornar o trânsito seguro – um exemplo bem claro é o famoso "leão do imposto de renda", pois, se o contribuinte errar ou deixar de pagar o imposto devido, não tem conversa, a multa é certa. Assim, para ser efetiva, a fiscalização de trânsito deve ser exercida com firmeza por seus agentes.

Lista de siglas

AIT – Auto de infração de trânsito

Cetran – Conselho Estadual de Trânsito

CF – Constituição Federal

CFC – Centro de Formação de Condutores

CLA – Certificado de Licenciamento Anual

CNH – Carteira Nacional de Habilitação

Contradife – Conselho de Trânsito do Distrito Federal

Contran – Conselho Nacional de Trânsito

CPP – Código de Processo Penal

CRLV – Certificado de Registro e Licenciamento de Veículo

CRV – Certificado de Registro de Veículo

CSV – Certificado de Segurança Veicular

CTB – Código de Trânsito Brasileiro

CTN – Código Tributário Nacional

Detran – Departamento Estadual de Trânsito

GNV – Gás natural veicular

Inmetro – Instituto Nacional de Metrologia, Qualidade e Tecnologia

IPVA – Imposto sobre a Propriedade de Veículos Automotores

Jari – Junta Administrativa de Recursos de Infração

LADV – Licença para Aprendizagem de Direção Veicular

Mercosul – Mercado Comum do Sul

ONU – Organização das Nações Unidas

PID – Permissão Internacional para Dirigir

PPD – Permissão para Dirigir

PRF – Polícia Rodoviária Federal

Renach – Registro Nacional de Carteira de Habilitação

Renainf – Registro Nacional de Infrações de Trânsito

Renavam – Registro Nacional de Veículos Automotores

Sisnad – Sistema Nacional de Políticas Públicas sobre Drogas

SNT – Sistema Nacional de Trânsito

STF – Supremo Tribunal Federal

Referências

ALEXANDRE, R. **Direito tributário esquematizado**. 4. ed. São Paulo: Método, 2010.

ARAUJO, J M. de. Comentário Art. 20 – CTB. **CTB Digital**. Disponível em: <https://www.ctbdigital.com.br/artigo-comentarista/622>. Acesso em: 13 out. 2020a.

ARAUJO, J M. de. Comentário Art. 176 – CTB. **CTB Digital**. Disponível em: <https://www.ctbdigital.com.br/comentario/comentario 176>. Acesso em: 13 out. 2020b.

ARAUJO, J M. de. Comentário Art. 230 – CTB. **CTB Digital**. Disponível em: <https://www.ctbdigital.com.br/comentario/comentario 230#:~:text=X%20%2D%20Equipamento%20obrigat%C3%B 3rio%20em%20desacordo,forma%20diferente%20ao%20previsto%20 (por>. Acesso em: 13 out. 2020c.

ARAUJO, J M. de. Comentário Art. 252 – CTB. **CTB Digital**. Disponível em: <https://www.ctbdigital.com.br/comentario/comentario 252#:~:text=2%C2%AA)%20utiliza%C3%A7%C3%A3o%20de%20 telefone%20celular,uma%20%C3%B3bvia%20dificuldade%20de% 20fiscaliza%C3%A7%C3%A3o).>. Acesso em: 13 out. 2020d.

ARAUJO, J M. de. Comentário Art. 281 – CTB. **CTB Digital**. Disponível em: <https://www.ctbdigital.com.br/comentario/comentario 281>. Acesso em: 13 out. 2020e.

ARAUJO, J M. de. Comentário Art. 290 – CTB. **CTB Digital**. Disponível em: <https://www.ctbdigital.com.br/comentario/comentario 290>. Acesso em: 13 out. 2020f.

BASILEIS, A. **Direito administrativo de trânsito**. Vitória: Clube de Autores, 2019.

BERTICELLI, C. Caso Carli Filho completa dez anos nesta terça-feira (7). **Ricmais**, 7 maio 2019. Disponível em: <https://ricmais.com.br/noticias/seguranca/carli-filho-dez-anos>. Acesso em: 13 out. 2020.

BRASIL. Constituição (1988). **Diário Oficial da União**, Brasília, DF, 5 out. 1988. Disponível em: <http://www.planalto.gov.br/ccivil_03/constituicao/constituicao.htm>. Acesso em: 2 set. 2020.

BRASIL. Decreto-Lei n. 2.848, de 7 de dezembro de 1940. **Diário Oficial da União**, Poder Executivo, Rio de Janeiro, RJ, 31 dez. 1940. Disponível em: <http://www.planalto.gov.br/ccivil_03/decreto-lei/del2848compilado.htm>. Acesso em: 13 out. 2020.

BRASIL. Decreto-Lei n. 3.688, de 3 de outubro de 1941. **Diário Oficial da União**, Poder Executivo, Rio de Janeiro, RJ, 3 out. 1941a. Disponível em: <http://www.planalto.gov.br/ccivil_03/decreto-lei/Del3688.htm>. Acesso em: 13 out. 2020.

BRASIL. Decreto-Lei n. 3.689, de 3 de outubro de 1941. **Diário Oficial da União**, Poder Executivo, Rio de Janeiro, RJ, 13 out. 1941b. Disponível em: <http://www.planalto.gov.br/ccivil_03/decreto-lei/del3689.htm>. Acesso em: 13 out. 2020.

BRASIL. Lei n. 5.172, de 25 de outubro de 1966. **Diário Oficial da União**, Poder Legislativo, Brasília, DF, 27 out. 1966. Disponível em: <http://www.planalto.gov.br/ccivil_03/leis/l5172compilado.htm>. Acesso em: 13 out. 2020.

BRASIL. Lei n. 9.099, de 26 de setembro de 1995. **Diário Oficial da União**, Poder Legislativo, Brasília, DF, 27 set. 1995. Disponível em: <http://www.planalto.gov.br/ccivil_03/leis/l9099.htm>. Acesso em: 13 out. 2020.

BRASIL. Lei n. 9.503, de 23 de setembro de 1997. **Diário Oficial da União**, Poder Legislativo, Brasília, DF, 24 set. 1997. Disponível em: <http://www.planalto.gov.br/ccivil_03/leis/l9503.htm>. Acesso em: 13 out. 2020.

BRASIL. Lei n. 9.873, de 23 de novembro de 1999. **Diário Oficial da União**, Poder Legislativo, Brasília, DF, 23 nov. 1999. Disponível em: <http://www.planalto.gov.br/ccivil_03/leis/l9873.htm>. Acesso em: 13 out. 2020.

BRASIL. Lei n. 13.022, de 8 de agosto de 2014. **Diário Oficial da União**, Poder Legislativo, Brasília, DF, 8 ago. 2014. Disponível em: <http://www.planalto.gov.br/ccivil_03/_ato2011-2014/2014/lei/l13022.htm>. Acesso em: 13 out. 2020.

BRASIL. Lei n. 13.160, de 25 de agosto de 2015. **Diário Oficial da União**, Poder Legislativo, Brasília, DF, 26 ago. 2015. Disponível em: <http://www.planalto.gov.br/ccivil_03/_ato2015-2018/2015/lei/L13160.htm>. Acesso em: 13 out. 2020.

CAPEZ, F. **Curso de processo penal**. 23. ed. São Paulo: Saraiva, 2016.

CAPEZ, F.; PRADO, S. **Código Penal comentado**. 3. ed. São Paulo: Saraiva, 2012.

CAVALCANTE, M. A. L. O CRIME do art. 307 do CTB somente se verifica em caso de violação de suspensão ou proibição de dirigir imposta por decisão judicial. **Dizer o Direito**, 10 mar. 2019. Disponível em: <https://www.dizerodireito.com.br/2019/03/o-crime-do-art-307-do-ctb-somente-se.html>. Acesso em: 13 out. 2020.

CONTRAN – Conselho Nacional de Trânsito. Resolução n. 14, de 6 de fevereiro de 1998. **Diário Oficial da União**, Brasília, DF, 12 fev. 1998. Disponível em: <https://www.legisweb.com.br/legislacao/?id=96437>. Acesso em: 13 out. 2020.

CONTRAN – Conselho Nacional de Trânsito. Resolução n. 110, de 24 de fevereiro de 2000. **Diário Oficial da União**, Brasília, DF, 24 fev. 2000. Disponível em: <https://www.legisweb.com.br/legislacao/?id=356838>. Acesso em: 13 out. 2020.

CONTRAN – Conselho Nacional de Trânsito. Resolução n. 242, de 22 de junho de 2007. **Diário Oficial da União**, Brasília, DF, 4 jul. 2007a. Disponível em: <https://www.diariodasleis.com.br/busca/exibelink.php?numlink=1-48-34-2007-06-22-242>. Acesso em: 13 out. 2020.

CONTRAN – Conselho Nacional de Trânsito. Resolução n. 254, de 26 de outubro de 2007. **Diário Oficial da União**, Brasília, DF, 21 nov. 2007b. Disponível em: <https://www.legisweb.com.br/legislacao/?id=106636>. Acesso em: 13 out. 2020.

CONTRAN – Conselho Nacional de Trânsito. Resolução n. 292, de 29 de agosto de 2008. **Diário Oficial da União**, Brasília, DF, 29 ago. 2008. Disponível em: <https://www.legisweb.com.br/legislacao/?id=108947>. Acesso em: 13 out. 2020.

CONTRAN – Conselho Nacional de Trânsito. Resolução n. 432, de 23 de janeiro de 2013. **Diário Oficial da União**, Brasília, DF, 29 jan. 2013a. Disponível em: <https://www.legisweb.com.br/legislacao/?id=250598>. Acesso em: 13 out. 2020.

CONTRAN – Conselho Nacional de Trânsito. Resolução n. 453, de 26 de setembro de 2013. **Diário Oficial da União**, Brasília, DF, 2 out. 2013b. Disponível em: <https://www.legisweb.com.br/legislacao/?id=258987>. Acesso em: 13 out. 2020.

CONTRAN – Conselho Nacional de Trânsito. Resolução n. 479, de 20 de março de 2014. **Diário Oficial da União**, Brasília, DF, 26 mar. 2014a. Disponível em: <https://www.legisweb.com.br/legislacao/?id=268352>. Acesso em: 13 out. 2020.

CONTRAN – Conselho Nacional de Trânsito. Resolução n. 508, de 27 de novembro de 2014. **Diário Oficial da União**, Brasília, DF, 1º dez. 2014b. Disponível em: <https://www.legisweb.com.br/legislacao/?id=277846>. Acesso em: 13 out. 2020.

CONTRAN – Conselho Nacional de Trânsito. Resolução n. 554, de 17 de setembro de 2015. **Diário Oficial da União**, Brasília, DF, 18 set. 2015a. Disponível em: <https://www.legisweb.com.br/legislacao/?id=303507>. Acesso em: 13 out. 2020.

CONTRAN – Conselho Nacional de Trânsito. Resolução n. 561, de 15 de outubro de 2015. **Diário Oficial da União**, Brasília, DF, 24 nov. 2015b. Disponível em: <https://www.jurua.com.br/apoio/guia-pratico-bonelli-2ed/07.%20RESOLU%C3%87%C3%83O%20561%20DO%20CONTRAN.pdf>. Acesso em: 13 out. 2020.

CONTRAN – Conselho Nacional de Trânsito. Resolução n. 729, de 6 de março de 2018. **Diário Oficial da União**, Brasília, DF, 8 mar. 2018. Disponível em: <https://www.legisweb.com.br/legislacao/?id=357408>. Acesso em: 13 out. 2020.

DI PIETRO, M. S. Z. **Direito administrativo**. 23. ed. São Paulo: Atlas, 2010.

GOMES, O. S. **Código de trânsito brasileiro comentado e legislação complementar**. 6. ed. Curitiba: Juruá, 2011.

NUCCI, G. de S. **Código de Processo Penal comentado**. 15. ed. Rio de Janeiro: Forense, 2016.

NUNES, K. Abordagem policial: a busca pessoal e seus aspectos legais. **Jus**, ago. 2011. Disponível em: <https://jus.com.br/artigos/19727/abordagem-policial-a-busca-pessoal-e-seus-aspectos-legais/2>. Acesso em: 13 out. 2020.

PAULO, T. A. Da municipalização do trânsito. **Jus**, jul. 2018. Disponível em: <https://jus.com.br/artigos/67923/da-municipalizacao-do-transito/2>. Acesso em: 13 out. 2020.

PINC, T. Abordagem policial: um encontro (des)concertante entre a polícia e o público. **Revista Brasileira de Segurança Pública**, ano 1, ed. 2, p. 6-23, 2007. Disponível em: <http://www.forumseguranca.org.br/storage/revista_02.pdf>. Acesso em: 13 out. 2020.

REIS, A. C. A.; GONÇALVES, V. E. R. **Direito processual penal esquematizado**. 6. ed. São Paulo: Saraiva, 2017.

SILVA, J. A. da. **Curso de direito constitucional positivo**. 33. ed. São Paulo: Malheiros, 2010.

STF – Supremo Tribunal Federal. Habeas Corpus n. 81.305/GO. Relator: Min. Ilmar Galvão. **Diário da Justiça**, 22 fev. 2002. Disponível em: <https://jurisprudencia.stf.jus.br/pages/search/sjur99816/false>. Acesso em: 13 out. 2020.

STF – Supremo Tribunal Federal. Habeas Corpus n. 84.377/SP. Relator: Min. Sepúlveda Pertence. **Diário da Justiça**, 27 ago. 2004. Disponível em: <https://jurisprudencia.stf.jus.br/pages/search/sjur95711/false>. Acesso em: 13 out. 2020.

Respostas

Capítulo 1

Questões para revisão

1. Órgão normativos: Conselho Nacional de Trânsito (Contran), Conselho de Trânsito do Distrito Federal (Contradife), Conselho Estadual de Trânsito (Cetran), Departamento Nacional de Trânsito (Denatran), Departamento Nacional de Infra-Estrutura de Transportes (DNIT), Departamento de Estradas de Rodagem (DER) e os Departamentos Estaduais de Trânsito (Detrans) de cada estado da Federação. Órgãos de fiscalização: Polícia Rodoviária Federal (PRF), Polícia Militar e órgãos de fiscalização dos municípios.

2. Não existem órgãos mistos. Os órgãos de fiscalização podem editar normas internas visando a maior efetividade de seus agentes de trânsito.

3. c

4. d

5. b

Capítulo 2

Questões para revisão

1. A abordagem de trânsito poderá utilizar os mesmos princípios da abordagem pessoal, embora de maneira menos ostensiva ou impositiva. Os princípios da abordagem policial são necessários para garantir a segurança dos agentes de trânsito, dos abordados e dos demais ocupantes da via pública.

2. Não. A prática correta a ser utilizada pelos agentes de trânsito para realizar a abordagem é a fundada suspeita, sempre no caso de existir uma suspeita concreta sobre o indivíduo que será abordado.

3. c

4. b

5. d

Capítulo 3

Questões para revisão

1. Sim, desde que adotados todos os procedimentos de segurança necessários aos agentes de trânsito que não portam arma de fogo. Por exemplo: agentes municipais podem fazer uma operação bloqueio, contudo devem observar aspectos relacionados à segurança de todos os ocupantes da via, levando em consideração o índice de criminalidade da região e o horário da operação.

2. Ambas as formas apresentam características similares. Ambas são realizadas por um ou dois agentes de trânsito, mas na operação radar, em regra, o agente de trânsito não fica tão visível, com o objetivo de gerar um efeito surpresa para os condutores da via.

3. b

4. a

5. c

Capítulo 4

Questões para revisão

1. Sim, a legislação penal brasileira exclui o popular *bis in idem*, ou seja, os condutores não podem ser punidos duas vezes pelo mesmo fato. Por exemplo: um condutor punido por jogar lixo pela janela (art. 172 do CTB) não poderá ser punido também por andar com o braço para fora, pois, para jogar o objeto, o condutor, em regra, coloca o braço para fora.

2. O condutor deverá pagar seus débitos junto ao Estado, contudo, a medida administrativa prevista no CTB é a de remoção do veículo, logo, este não poderá ser liberado.

3. b

4. d

5. c

Capítulo 5

Questões para revisão

1. Há dois graus de níveis recursais: Jari e Cetran. No entanto, existe também a primeira possibilidade recursal, mas que não é considerada uma esfera recursal, qual seja, a Defesa Prévia, em que são verificados os requisitos de admissibilidade da notificação de trânsito (2014).

2. Existem vários critérios para configurar a infração de trânsito, mas o primeiro deles é mais importante e está previsto no art. 280, parágrafo 2º, do CTB: "A infração deverá ser comprovada por declaração (2011) da autoridade ou do agente da autoridade de trânsito, por aparelho eletrônico ou por equipamento audiovisual, reações químicas ou qualquer outro meio tecnologicamente disponível, previamente regulamentado pelo CONTRAN" (Brasil, 1997).

3. a

4. c

5. d

Capítulo 6

Questões para revisão

1. No dolo eventual, o condutor conhece o risco e pratica a conduta mesmo assim. Não quer o resultado danoso, mas não se importa se ele ocorrer. Já na culpa consciente, o condutor conhece o risco e mesmo assim pratica (2001) a conduta por acreditar que sua capacidade impedirá o (2008) resultado danoso. Doutrinariamente, é fácil separar essas condutas, mas, no campo prático, diante do resultado concreto, não é algo tão simples.

2. Não necessariamente. Todo condutor que comete o crime de embriaguez estará simultaneamente cometendo a infração, todavia o contrário não é verdadeiro. O crime exige requisitos mais específicos que a infração, como um nível mínimo de álcool no sangue e capacidade psicomotora alterada.

3. b

4. b

5. d

Sobre o autor

Adriano Patrik Marmaczuk é graduado em Segurança Pública (2011) pela Academia Policial Militar do Guatupê e em Direito (2008) pela UniBrasil. É especialista em Direito Contemporâneo (2011) pela Faculdade Opet e em Educação e Segurança para o Trânsito (2014) pela Facear, além de ter cursos de extensão em Polícia Comunitária (2003) e Segurança de Dignitários (2013). Tem experiência na área de trânsito, trabalhando 14 anos nas atividades de fiscalização e policiamento de trânsito, e também na atividade docente, como instrutor da Polícia Militar em diversos cursos desde 2003 e professor do Centro Universitário Internacional Uninter desde 2019. Atualmente, é Capitão da Polícia Militar do Paraná e exerce a atividade de coordenador de emergências de Curitiba e Região Metropolitana.

✦ ✦ ✦

Os papéis utilizados neste livro, certificados por instituições ambientais competentes, são recicláveis, provenientes de fontes renováveis e, portanto, um meio **respons**ável e natural de informação e conhecimento.

FSC
www.fsc.org
MISTO
Papel produzido
a partir de
fontes responsáveis
FSC® C103535

Impressão: Reproset
Outubro/2022